Sarah Klein
Andrea Brenner
Silvia Faller

Familien Backbuch

Schnell, einfach, heißbegehrt.
Das schmeckt allen und immer

südwest

Familien Backbuch

Schnell, einfach, heißbegehrt.
Das schmeckt allen und immer

Inhalt

Für Geburtstage und andere Feste rund ums Jahr

In der Weihnachtsbäckerei ...

Pikantes aus der Backstube

Backen mit allen Sinnen

Woran denken Sie, wenn es um kleine Familiengeschichten rund ums Backen geht? Mir fallen als Erstes die steinharten Sirupplätzchen ein, die bei uns jedes Jahr zu Weihnachten gebacken wurden. Die braunen Kekse waren staubtrocken und schmeckten nur dann richtig gut, wenn man sie vorher kräftig in Kakao tunkte. Trotzdem ist es eine sehr glückliche Erinnerung: Denn wenn gebacken wurde, saßen alle mit mehligen Händen am Küchentisch, und jeder von uns durfte einmal probieren, den klebrigen, widerspenstigen Klumpen zu einem halbwegs gleichmäßigen Fladen auszurollen. Dann wurden Sterne, Engel und Tannenbäume ausgestochen. Wir Kinder waren mit glühender Begeisterung dabei, naschten trotz aller Ermahnungen vom würzigen Teig und waren schließlich mächtig stolz auf unsere Produktion: ein Keksvorrat, der mindestens bis zum Frühjahr reichte. Was für ein grandioses Werk!

»Backen schafft für Eltern und Kinder viele unvergesslich schöne Erinnerungen«, bestätigt der Hamburger Diplompsychologe Michael Thiel. Er ist Mitglied im Experten-Team der Familienzeitschrift Familie & Co. Monat für Monat bekommen Leser hier jede Menge Informationen und Anregungen zum Thema Essen und Ernährung – und natürlich auch zum Backen.

Das Grundrezept für den Backspaß mit der Familie ist denkbar einfach: Man braucht nur etwas Zeit und füllt sie dann liebevoll mit Erzählen, Helfen, Ausprobieren, Lachen und Loben. Thiel: »Ganz spielerisch entsteht eine Situation, in der sich die ganze Familie intensiv und konzentriert einer einzigen Aufgabe widmet. Solche Momente sind im Alltag leider selten.«

Schon deshalb wäre es viel zu schade, wenn Mixer und Rührschüssel nur zur Weihnachtszeit aus dem Schrank geholt würden. Das ganze Jahr über gibt es Anlässe, die man mit einem leckeren Kuchen gebührend feiern kann: Geburtstage, Ostern, Sommeranfang, Oma kommt zu Besuch, Silvester ... Die Vorfreude auf diese Tage gehört dazu. Mit dem gemeinsamen Backen lässt sie sich vielleicht noch steigern.

Backen ist Liebe, heißt es so plakativ in der Werbung, und da ist sicher etwas dran. Denn Backen ist eine kleine Fundgrube für viele kleine Dinge, die Eltern bei ihren Kindern liebevoll fördern möchten: Geduld, Konzentration, Ausdauer. Ohne diese Fähigkeiten wird kein Kuchen jemals fertig. Michael Thiel: »Außerdem lieben es die Kinder, dass beim Backen alle Sinne angesprochen werden.« Hmm, der Teig schmeckt lecker ... Jetzt klebt er ja richtig am Löffel ... Wie herrlich er duftet ... Wollen wir mal gucken: Ist der Kuchen jetzt schon braun genug?

Schon Kleinkinder, so Familie&Co-Experte Michael Thiel, können den Prozess gut verfolgen, denn binnen kurzer Zeit führt das Planen und Tun zu einem greifbaren Ergebnis. Und das kann man, anders als bei einer Sandburg, nicht nur anschauen – da darf man auch reinbeißen: »Selbst zweijährige Kinder finden es großartig, wenn sie beim Backen mithelfen dürfen.« Einmal den Zucker in die Backschüssel reinkippen. Einmal das Sieb halten. Jetzt noch rühren ... Solche Miniaufgaben lassen die Kleinsten vor Stolz und Selbstbewusstsein ein paar Zentimeter wachsen: Alle mal herschauen – das habe ich gemacht! Ist das nicht toll?

Für die größeren Kinder kann Backen sogar eine Art fliegendes Klassenzimmer sein, in dem das Lernen plötzlich puderzuckerleicht funktioniert: In welcher Reihenfolge müssen die Zutaten verarbeitet werden? Nimmt man zuerst die Eier oder

das Mehl? Wie viel Gramm hat ein halbes Pfund Margarine? Warum ist das Backpulver für das Gelingen so wichtig? Wie lässt sich der Kuchen besonders schön dekorieren?
Strenge Blicke und gezieltes Abfragen machen dabei natürlich keinen Sinn und verderben nur die Begeisterung an der Sache. Doch Fragen wie im Unterricht sind bei der »Küchenpädagogik« auch gar nicht notwendig. Kinder, die sich mit dem Backen beschäftigen dürfen, lernen nebenbei. Nicht weil sie es müssen, sondern weil es sich gar nicht verhindern lässt ...

Damit das Backen allerdings zu einem wirklichen Familienvergnügen wird, sollte man einen wichtigen Ratschlag beherzigen: Stress hat in der Küche nichts verloren. Diplom-Psychologin Angelika Faas – ebenfalls Mitglied im Familie & Co-Experten-Team – empfiehlt: »Gerade mit kleineren Kindern sollte man zunächst die Rezepte aussuchen, die ganz einfach umzusetzen sind.« Und wenn man sich später, mit viel Zeit und etwas Übung, an die schwierigeren Aufgaben wagt, hilft es, wenn die fröhliche Gelassenheit weiterhin im Vordergrund steht. Angelika Faas: »Wer gemeinsam mit den Kindern backt, erwartet besser keine perfekten Resultate.« Die erste Torte wird vielleicht etwas windschief aussehen. Die Sahnetupfer hüpfen vielleicht ein wenig asymmetrisch auf dem Kuchen herum. Die Streusel sind nicht ganz so gerecht verteilt. Na und? Was zählt, ist die individuelle Note. Es geht nicht um Meisterwerke, sondern um das selbst geschaffene Gesamtkunstwerk.

Und noch aus einem anderen Grund ist Gelassenheit eine wichtige Zutat, die beim Backen nicht fehlen sollte. Denn Tatsache ist: Torten, Kuchen und Kekse sind kleine Kalorienbomben. Antje Zellmer, Sprecherin der Deutschen Gesellschaft für Ernährung (DGE), gibt dennoch Entwarnung: »Wenn man gemeinsam mit der Familie backt, darf man über den reinen Ernährungsaspekt auch einmal großzügig hinwegsehen. Essen muss auch Spaß machen.« Den verzweifelten Versuch, stets »gesundheitsbewusst« Kekse, Kuchen und Torten backen zu wollen, hält die Expertin sogar für wenig sinnvoll. Antje Zellmer: »Ein leichter Obstbiskuit ist vielleicht gesünder als ein Schokokuchen. Doch Kinder lieben nun einmal Schokolade. Wenn man sich die Zeit zum Backen nimmt«, so die Ernährungsfachfrau, »ist das ein kleiner Luxus. Und dann sollte der Kuchen auch richtig gut schmecken.«

Wir aus der Redaktion von Familie & Co wünschen uns, dass Sie mit unserem Backbuch vor allen Dingen viel Spaß haben werden. Viele leckere Rezepte warten darauf, von Ihnen ausprobiert zu werden. Am allerschönsten wäre es natürlich, wenn durch unsere Vorschläge nicht nur köstliches Backwerk, sondern nebenbei auch noch kleine Familiengeschichten entstehen. Denn die bleiben – auch wenn die letzten Krümel schon lange weggenascht sind ...

Ihre

Chefredakteurin Familie & Co

Schnell fertig und für alle Gelegenheiten

Es geht doch nichts über einen selbst gebackenen Kuchen! Besonders, wenn er schnell und einfach zubereitet ist. In diesem Kapitel finden Sie kleine und große Kuchen für jede Gelegenheit und jeden Geschmack: Schokomuffins, Stracciatellatörtchen, gekühlte Bananentorte, Mango-Frischkäse-Torte, gestürzten Apfelkuchen … Muss man noch mehr sagen?

Heidelbeer-Kästchen mit Zitronenguss

Für 6 Stück

Für den Teig:
- 75 g weiche Butter oder Margarine
- 120 g Zucker
- 1 Ei (Größe L)
- 1/2 TL gemahlene Vanille
- 1 Prise Jodsalz
- 175 g Mehl
- 1 schwach gehäufter TL Backpulver
- 125 g Buttermilch
- 150 g kleine Heidelbeeren (frisch oder tiefgekühlt)

Für den Guss:
- 1 unbehandelte Zitrone
- 125 g Puderzucker

Außerdem:
- weiche Butter oder Margarine für die Form
- nach Belieben Heidelbeeren zum Garnieren

Zubereitungszeit
20 Minuten
Backzeit
35–40 Minuten

Der Muffin-Klassiker aus Amerika präsentiert sich hier in ungewöhnlicher Form und unter einer erfrischend-säuerlichen Zuckergusshaube. Im Teig verstecken sich reichlich Heidelbeeren, die frisch oder aus der Tiefkühltruhe verarbeitet werden können.

1. Den Backofen auf 180 °C (Umluft 160 °C, Gas Stufe 2–3) vorheizen. Ein Backblech mit 6 kleinen Kastenformvertiefungen (je 100 Milliliter Inhalt) gründlich mit Fett ausstreichen.

2. Die Butter oder Margarine mit dem Zucker cremig aufschlagen. Ei, Vanille und Salz unterrühren. Das Mehl mit dem Backpulver mischen und mit der Buttermilch unter den Teig mengen.

3. Frische Heidelbeeren verlesen, waschen und auf Küchenpapier abtropfen lassen, vorsichtig unter den Teig heben. Tiefgefrorene Beeren unaufgetaut dazugeben. Den Teig in die Förmchen geben und im Backofen auf der mittleren Schiene etwa 35 bis 40 Minuten backen.

4. Die fertigen Törtchen kurz in der Form abkühlen lassen, dann herauslösen und auf ein Kuchengitter setzen. Die Zitrone heiß abwaschen und abtrocknen, die Hälfte der Schale in feinen Spänen abziehen, den Saft auspressen.

5. Den Puderzucker sieben, mit dem Zitronensaft dickflüssig anrühren, die Törtchen damit bestreichen. Die Zitronenschale und eventuell Heidelbeeren aufstreuen und den Guss fest werden lassen.

Gerätetipp
Die hier verwendeten Kastenförmchen haben das gleiche Volumen wie die klassischen Muffinformen, nämlich 100 Milliliter. Es gibt aber noch eine Reihe weiterer kleiner Backformen, in denen sich portionsgerechte Törtchen wie diese zubereiten lassen. Wenn Sie andere Förmchen zur Hand haben, können Sie natürlich auch diese verwenden – messen Sie aber zuerst das Volumen, denn nur, wenn die Teigmenge stimmt, bleibt die Backzeit gleich.

Die fruchtigen Mini-Rührkuchen sind eine tolle Alternative zu den heiß geliebten amerikanischen Muffins.

Schokomuffins Black & White

Zur Hälfte hell und zur Hälfte dunkel – das ist das Besondere an diesen Muffins. Zwei Sorten Schokolade in einem Muffin, das ist nicht nur optisch, sondern auch geschmacklich eine gelungene Kombination.

1. Den Backofen auf 200 °C (Umluft 180 °C, Gas Stufe 3–4) vorheizen. Die 12 Mulden eines Muffinblechs gründlich mit Butter oder Margarine ausstreichen.

2. In einer Rührschüssel die weiche Butter oder Margarine schaumig schlagen. Nach und nach Zucker und Eier zufügen und alles hell cremig schlagen. Mehl, Backpulver und Jodsalz mischen und abwechselnd mit der Milch unter den Teig rühren.

3. Die Hälfte des Teiges in eine andere Schüssel umfüllen und darin mit dem Kakaopulver verrühren. Die Zartbitterschokolade klein würfeln und unter den dunklen Teig rühren. Die weiße Schokolade ebenfalls klein würfeln und unter den hellen Teig rühren.

4. Die Teige mit getrennten Löffeln in die Förmchen verteilen. Dabei in jedes Förmchen zur Hälfte hellen und zur anderen Hälfte dunklen Teig geben. Die Muffins auf der mittleren Schiene im Backofen 25 bis 30 Minuten backen. Einige Minuten in den Formen abkühlen lassen, dann herauslösen und dekorativ mit Puderzucker und Kakaopulver bestauben.

Küchentipp

Für den dunklen Teig kann man auch Vollmilchschokolade mit oder ohne Haselnüssen verwenden. Dann allerdings etwas weniger Zucker nehmen.

Für 12 Stück

- **125 g weiche Butter oder Margarine**
- **125 g Zucker**
- **2 Eier (Größe M)**
- **340 g Mehl**
- **2 TL Backpulver**
- **1 Prise Jodsalz**
- **200 ml Milch**
- **1 gehäufter EL Kakaopulver**
- **100 g Zartbitterschokolade**
- **100 g weiße Schokolade**

Außerdem:

- **weiche Butter oder Margarine für die Form**
- **Puderzucker und Kakaopulver zum Bestauben**

Zubereitungszeit

20 Minuten

Backzeit

25–30 Minuten

Schokolade kommt immer gut an – besonders in dieser gelungenen Schwarzweißkombination.

Walnuss-Schokoladen-Brownies

Für 12 Stück

Für den Teig:
- **200 g weiche Butter oder Margarine**
- **100 g brauner Zucker**
- **3 Eier (Größe M)**
- **150 g Weizenmehl, Type 1050**
- **1 TL Backpulver**
- **2 EL lösliches Schokoladenpulver**
- **1 Prise Jodsalz**
- **1/2 TL gemahlene Vanille**
- **75 g Walnusskerne**

Außerdem:
- **weiche Butter oder Margarine für die Form**
- **300 g Doppelrahm-Frischkäse**
- **4 EL Puderzucker**
- **Minismarties, Schokodekor (Fertigprodukt) oder Schokoraspel**
- **evtl. lösliches Schokoladenpulver zum Bestauben**

Zubereitungszeit
30 Minuten
Backzeit
25 Minuten

Brownies sind in Amerika seit jeher ungemein beliebt – vermutlich, weil ihre Zubereitung denkbar einfach und schnell ist. Wie in ihrer Heimat werden die Schokoladenschnitten auch bei uns mit einer süßen Frischkäsecreme getoppt.

1. Den Backofen auf 200 °C (Umluft 180 °C, Gas Stufe 3–4) vorheizen. Eine Backform (20 x 30 Zentimeter) fetten.

2. Butter oder Margarine mit dem braunen Zucker cremig rühren, dann die Eier untermischen. Das Mehl mit Backpulver, Schokoladenpulver, Salz und Vanille mischen und unter die Butter-Eier-Masse mengen. Die Walnusskerne grob hacken und unter den Teig heben.

3. Den Teig in die Form geben und darin glatt streichen. Den Kuchen im Backofen auf der mittleren Schiene etwa 25 Minuten backen.

4. Den fertigen Kuchen aus dem Backofen nehmen und 20 Minuten in der Form ruhen lassen, dann vorsichtig auf ein Kuchengitter stürzen und dort vollständig auskühlen lassen.

5. Den Kuchen in 12 Stücke schneiden. Den Frischkäse mit Puderzucker glatt rühren, die Kuchenstücke damit bestreichen. Die Oberfläche nach Belieben mit Minismarties, Schokodekor oder Schokoraspeln verzieren und/oder mit Schokoladenpulver bestauben.

Für eine größere Runde

Ob fürs Sommerfest im Kindergarten oder den nächsten Geburtstag – ohne Mehraufwand backen Sie gleich 24 Brownies. Einfach die Zutaten verdoppeln und den Teig auf einem 30 x 40 Zentimeter großen, tiefen Backblech verstreichen. Natürlich ist auch für Glasur und Dekoration die doppelte Zutatenmenge nötig.

Schon ohne Topping sind die Brownies köstlich – und mit sind sie einfach unschlagbar.

Mini-Apfel-muffins

Sie sind der Backtrend schlechthin, die portionsgerechten Törtchen aus Amerika. Nun präsentieren sich Muffins auch in einer Miniaturausgabe und sorgen so mit einem Biss für besonders schnellen Genuss.

1. Den Backofen auf 200 °C (Umluft 180 °C, Gas Stufe 3–4) vorheizen. Ein Mini-Muffinblech mit 12 Mulden gründlich mit weicher Butter ausstreichen. Das geht am besten mit einem Pinsel.

2. Die weiche Butter zusammen mit Milch, Ei, Zucker und Zitronenschale verrühren. Den Apfel schälen und ohne das Kerngehäuse auf einer groben Reibe dazuraspeln. Die Rosinen ebenfalls dazugeben und alle Zutaten gründlich miteinander vermengen.

3. Das Mehl mit dem Backpulver mischen und unter den Teig rühren. Die Hälfte davon in die vorbereiteten Mulden des Muffinblechs geben. Die Muffins im Backofen auf der mittleren Schiene in etwa 20 Minuten goldbraun backen. Die fertigen Muffins herausnehmen, kurz in der Form auskühlen lassen, dann herauslösen und auf einem Kuchenrost abkühlen lassen.

4. Aus dem übrigen Teig ebenfalls 12 Mini-Muffins backen. Die fertigen Muffins mit Puderzucker bestauben.

Für 24 Stück

- **Butter für die Form**
- **70 g weiche Butter**
- **100 ml Milch**
- **1 Ei (Größe M)**
- **75 g Zucker**
- **1 TL abgeriebene unbehandelte Zitronenschale**
- **1 großer säuerlicher Apfel (z. B. Boskop)**
- **3 EL Rosinen**
- **200 g Mehl**
- **1 TL Backpulver**
- **2 EL Puderzucker**

Zubereitungszeit
15 Minuten
Backzeit
40 Minuten

Doughnuts mit Zimtkruste

Ob beim Kindergeburtstag oder einfach so bei einem Zusammentreffen mit kleinen oder großen Freunden – was in den USA schlicht unverzichtbar ist, kommt auch bei uns immer gut an.

1. Butter oder Margarine, Eier und Zucker mit den Quirlen des elektrischen Handrührers cremig schlagen, dann Milch und Zimt unterrühren. Das Mehl mit dem Backpulver mischen und nach und nach mit den Knethaken des Handrührers unter den Teig kneten.

2. Den Teig auf bemehlter Arbeitsfläche knapp 1 Zentimeter dick (nicht dicker) ausrollen. Mit einem speziellen Ausstecher Doughnuts ausstechen. Oder mit einem Glas 7 Zentimeter große Kreise ausstechen, aus diesen Teigkreisen in der Mitte jeweils einen etwa 3 Zentimeter großen Kreis ausstechen, so dass Ringe entstehen.

3. Reichlich Öl zum Ausbacken auf 170 °C erhitzen. Die Doughnuts darin portionsweise rundherum in 2 bis 3 Minuten goldbraun frittieren, dabei eventuell das Loch in der Mitte mit einem Kochlöffelstiel vorsichtig nachformen.

4. Die fertigen Doughnuts mit einer Schaumkelle aus dem Fett heben und auf Küchenpapier gut abtropfen lassen. Auf einem Teller Zimt und Zucker mischen und die heißen Doughnuts darin wenden. Möglichst sofort servieren.

Tipp
Doughnuts schmecken ganz frisch gebacken besonders gut. Sie können die Teigkringel aber – am besten noch lauwarm – einfrieren und so wochenlang aufbewahren. Zum Servieren im nur mäßig warmen Backofen oder in der Mikrowelle auftauen und leicht erwärmen.

Für 12 Stück

- **30 g weiche Butter oder Margarine**
- **2 Eier (Größe S)**
- **70 g Zucker**
- **75 ml Milch**
- **1/2 TL gemahlener Zimt**
- **ca. 350 g Weizenmehl, Type 1050**
- **1/2 Päckchen Backpulver**

Außerdem:
- **Mehl für die Arbeitsfläche**
- **Öl zum Ausbacken**
- **gemahlener Zimt und Zucker zum Wenden**

Zubereitungszeit
50 Minuten

Mini-Eclairs mit Erdbeer-Joghurt-Sahne

Die französische Version unserer Windbeutel sind die länglichen Eclairs. Hier werden sie mundgerecht im Miniaturformat gebacken – so ist es wunderbar leicht, ihnen zu Leibe zu rücken.

Für 30 Stück

Für die Eclairs:

- **50 g Butter oder Margarine**
- **1 Prise Jodsalz**
- **150 g Weizenmehl, Type 1050**
- **2 EL Speisestärke**
- **4 Eier (Größe M)**

Für die Füllung:

- **250 g Erdbeeren**
- **200 g Joghurt**
- **4 g Biobin (2 Messlöffel; pflanzliches Bindemittel aus dem Reformhaus)**
- **2 EL Puderzucker**
- **1 Päckchen Vanillezucker**
- **200 g Sahne**

Außerdem:

- **Fett und Mehl für die Backbleche**
- **Puderzucker zum Bestauben**

Zubereitungszeit
60 Minuten
Backzeit
20–30 Minuten
Kühlzeit
30 Minuten

Die feinen Mini-Eclairs sind ideal, wenn sich Großeltern oder Freunde zu Besuch ankündigen, da sie gut vorbereitet werden können und dann ruck, zuck gefüllt sind.

1. Den Backofen auf 225 °C (Umluft 200 °C, Gas Stufe 5) vorheizen. Zwei Backbleche mit Butter oder Margarine fetten und mit Mehl bestauben.

2. Butter oder Margarine zusammen mit dem Salz und 1/4 Liter Wasser in einem kleinen Topf aufkochen lassen, dann den Topf vom Herd ziehen. Mehl und Speisestärke in einer Schüssel mischen und rasch unter die Flüssigkeit rühren. Den Topf zurück auf den Herd stellen und den Teig so lange rühren, bis sich ein Kloß bildet und am Topfboden eine dünne weiße Schicht zu sehen ist.

3. Den Teig in eine Schüssel umfüllen, nacheinander die Eier aufschlagen und gründlich unterrühren, bis ein geschmeidiger Teig entstanden ist.

4. Den Teig in einen Spritzbeutel mit mittelgroßer Sterntülle füllen. Aus dem Teig mit genügend Abstand zueinander 30 dicke Streifen (1 bis 2 Zentimeter breit und 6 Zentimeter lang) auf die vorbereiteten Bleche spritzen. Die Eclairs nacheinander im Backofen auf der mittleren Schiene in 10 bis 15 Minuten goldbraun backen. Die fertigen Eclairs aus dem Backofen nehmen, mit einer Schere aufschneiden und auskühlen lassen.

5. Die Erdbeeren kurz abbrausen, putzen und in sehr kleine Würfel schneiden. Joghurt mit Biobin, Puderzucker und Vanillezucker verrühren. Die Erdbeeren unterrühren, dann die Sahne steif schlagen und unterheben. Die Mischung 30 Minuten in den Kühlschrank stellen, bis sie etwas fester wird.

6. Die Erdbeer-Joghurt-Sahne mit einem Teelöffel in die ausgekühlten Mini-Eclairs füllen, diese mit Puderzucker bestauben und bald servieren.

Tipps

Brandteiggebäck wie diese Mini-Eclairs können Sie gut 1 oder 2 Tage im Voraus backen.
Die Eclairs sofort nach dem Backen aufschneiden, damit sie nicht weich werden, nach dem Auskühlen in Dosen verpacken. Die Füllung aber erst kurz vor dem Servieren hineingeben, sonst weichen die Eclairs durch.

Varianten

Statt der Erdbeeren können Sie natürlich auch andere Früchte verwenden, etwa Heidelbeeren oder Brombeeren. Außerhalb der Saison für frische Früchte greifen Sie am besten auf Obst aus der Tiefkühltruhe zurück.
Liebt Ihr Nachwuchs Schokolade? Dann können Sie die Eclairs statt mit der fruchtigen Creme mit Schokoladensahne füllen. 400 Gramm Sahne steif schlagen, mit 2 Esslöffel Zucker und 4 Esslöffel löslichem Schokoladenpulver verfeinern. Zusätzlich die Eclairs nach dem Auskühlen dünn mit fertig gekaufter Schokoladenglasur überziehen.

Birnenmäuse

Für 6 Stück

Für den Teig:
- **1/8 l lauwarme Milch**
- **2 EL Zucker**
- **1/2 Würfel frische Hefe (21 g)**
- **300 g Mehl**
- **1 Ei (Größe M)**

Für die Füllung:
- **100 g saure Sahne**
- **200 g Speisequark (20 % Fett)**
- **1 Ei (Größe M)**
- **40 g Zucker**
- **2 Päckchen Vanillezucker**
- **40 g Sultaninen**

Außerdem:
- **Mehl für die Arbeitsfläche**
- **6 Birnenhälften (aus der Dose)**
- **12 ganze Mandeln**
- **12 Korinthen**

Zubereitungszeit
45 Minuten
Ruhezeit
60 Minuten
Backzeit
25 Minuten

Ein lockerer Hefeteig bildet den Boden. Darauf sitzt eine kleine Birnenmaus, die es sich in ihrem Quarkbett gemütlich macht. Die Küchlein schmecken nicht nur fein, sondern sehen auch noch lustig aus – fast zu schön zum Hineinbeißen.

1. Milch und Zucker verrühren. Die Hefe darin auflösen und zugedeckt 10 Minuten gehen lassen.

2. Mehl, Ei und Hefemilch mit den Knethaken des Handrührers etwa 5 Minuten verkneten, bis sich der Teig vom Schüsselrand löst. Den Teig zugedeckt 30 Minuten gehen lassen.

3. Für die Füllung saure Sahne, Quark, Ei, Zucker und Vanillezucker verrühren. Die Sultaninen untermengen. Ein Backblech mit Backpapier auslegen.

4. Den Teig in 6 gleich große Stücke teilen und auf bemehlter Arbeitsfläche jeweils zu einem etwa 13 Zentimeter großen Kreis ausrollen. Die Kreise mit etwas Abstand zueinander auf das Backblech legen. Einen etwa 1 Zentimeter breiten Rand nach innen klappen und schön gleichmäßig formen. Die Füllung in der Mitte der Küchlein verteilen. Diese 20 Minuten gehen lassen.

5. Den Backofen auf 200 °C (Umluft 180 °C, Gas Stufe 3–4) vorheizen. Die Küchlein darin auf der mittleren Schiene in 25 Minuten goldgelb backen.

6. Die Birnenhälften abtropfen lassen. Die Küchlein aus dem Backofen nehmen. Sofort jeweils 1 Birnenhälfte mit der Schnittfläche nach unten vorsichtig in die Quarkfüllung drücken. Mandeln als Ohren, Korinthen als Augen hineinstecken. Die Küchlein auskühlen lassen.

Aus kleinen, fertig gebackenen Hefeteigböden können Kinder lustige Birnenmäuse zaubern.

Zahmer Tigerkuchen

Dieser Kuchen erinnert an den beliebten Marmorkuchen. Rezeptur und Maserung sind allerdings deutlich anders: Der Rührteig wird mit Öl hergestellt, was ihn besonders locker macht. Die Hell-dunkel-Färbung ähnelt einem Tigerfellmuster.

1. Den Backofen auf 180 °C (Umluft 160 °C, Gas Stufe 2–3) vorheizen. Eine Kastenform von 30 Zentimeter Länge gründlich fetten und mit den Semmelbröseln ausstreuen.

2. Die Eier trennen. Eiweiß zusammen mit dem Salz zu steifem Schnee schlagen und beiseite stellen.

3. Eigelbe, Zucker, Vanillezucker und 100 Milliliter lauwarmes Wasser in eine Rührschüssel geben und mit den Quirlen eines Handrührers in etwa 5 Minuten hell-schaumig schlagen. Die Masse sollte deutlich an Volumen zunehmen. Das Öl unterrühren, Mehl und Backpulver mischen und unterziehen, dann auch den Eischnee unterheben. Die Hälfte des Teiges in eine zweite Schüssel umfüllen und darin mit dem Kakaopulver verrühren.

4. Abwechselnd 1 Esslöffel hellen und 1 Esslöffel dunklen Teig übereinander in die Mitte der Kastenform geben. Den Teig auf keinen Fall in der Form verstreichen, sondern einfach verlaufen lassen.

5. Den Tigerkuchen im Backofen auf der mittleren Stufe 50 bis 60 Minuten backen. Dabei den Kuchen nach etwa 15 Minuten mit einem Messer längs einschneiden. Sollte der Kuchen zu dunkel werden (nach 45 Minuten prüfen) mit Alufolie oder Backpapier abdecken.

6. Den fertigen Kuchen aus dem Backofen nehmen und einige Minuten abkühlen lassen. Danach aus der Form stürzen, auf ein Kuchengitter setzen und auskühlen lassen.

Verziertipp

Je 30 Gramm helle und dunkle Kuchenglasur im Beutel laut Packungsbeschreibung schmelzen lassen. Von den Beuteln je eine Ecke ganz klein abschneiden und durch das Loch feine Schokoladenstreifen quer über den Kuchen spritzen.

Für etwa 20 Stücke

Für den Teig:

- **4 Eier (Größe M)**
- **1 Prise Jodsalz**
- **230 g Zucker**
- **2 Päckchen Vanillezucker**
- **200 ml Maiskeimöl**
- **300 g Mehl**
- **3 TL Backpulver**
- **2 EL Kakaopulver**

Außerdem:

- **weiche Butter oder Margarine für die Form**
- **2 EL feine Semmelbrösel für die Form**

Zubereitungszeit
20 Minuten
Backzeit
50–60 Minuten

Der Marmorkuchen im Tigerfell ist ein echter Hingucker.

Stracciatella-Törtchen mit Stracciatella-Sahne

Für 4 Stück

Für den Teig:
- Fett und Mehl für die Förmchen
- 2 Eier (Größe M)
- 2 EL Zucker
- 3 gestrichene EL Mehl
- 1/2 EL Speisestärke
- 1/2 EL Kakaopulver
- 40 g weiße Schokolade

Für die Füllung:
- 150 g Sahne
- 1 Päckchen Vanillezucker
- 40 g Schokolade
- 4 Mini-Negerküsse

Zubereitungszeit
45 Minuten
Backzeit
15 Minuten

Italien lässt grüßen: Ein schnell gerührter dunkler Teig bekommt weiße Schokotupfen, und obenauf wird nach dem Backen weiße Sahne mit dunklen Schokosprenkeln gespritzt. Wer mag, setzt in die Mitte je einen Mini-Negerkuss.

1. 4 Tortelettförmchen à 12 Zentimeter Durchmesser gründlich fetten und mit Mehl ausstreuen. Den Backofen auf 200 °C (Umluft 180 °C, Gas Stufe 3–4) vorheizen.

2. Für den Teig die Eier trennen, Eiweiß zu steifem Schnee schlagen. Eigelbe, 1 Esslöffel warmes Wasser und Zucker mit den Quirlen des elektrischen Handrührers hell-cremig aufschlagen. Eischnee darauf geben. Mehl, Speisestärke und Kakaopulver mischen und darüber sieben, alles locker unterheben. Weiße Schokolade fein hacken und untermengen.

3. Den Teig sofort in die vorbereiteten Förmchen füllen und im Backofen auf der mittleren Schiene etwa 15 Minuten backen. Die fertigen Törtchen herausnehmen und in den Formen abkühlen lassen.

4. Zum Servieren die Törtchen aus den Formen stürzen. Die Sahne steif schlagen, mit Vanillezucker süßen. Die Schokolade fein hacken, den größten Teil davon unter die Sahne mischen. In einen Spritzbeutel mit großer glatter Tülle geben, in die Törtchen spritzen. Die restlichen Schokoraspel aufstreuen, jeweils einen Mini-Negerkuss in die Mitte setzen.

Mürbe Aprikosentarteletts mit Mandeln

Für 8 Stück

- Fett für die Förmchen
- 200 g kalte Butter
- 120 g Zucker
- 1 Päckchen Vanillezucker
- 1 Prise Jodsalz
- 50 g gemahlene Mandeln
- 1 Ei (Größe M)
- 250 g Mehl
- 2 TL Backpulver
- Mehl zum Bearbeiten
- 12 Aprikosen
- 6 EL Mandelblättchen

Zubereitungszeit
35 Minuten
Backzeit
25 Minuten

Bei diesen Törtchen handelt es sich um besonders feines Mürbegebäck. Das Geheimnis liegt in der Art des Teiges: ein gerührter Mürbeteig, bei dem das Ausrollen entfällt. Er wird einfach mit den Fingern in die Formen gedrückt.

1. Den Backofen auf 200 °C (Umluft 180 °C, Gas Stufe 3–4) vorheizen. 8 Tartelettförmchen (mit herausnehmbaren Böden) à 12 Zentimeter Durchmesser fetten.

2. Butter, Zucker, Vanillezucker und Salz mit den Knethaken eines Handrührgeräts verrühren. Die gemahlenen Mandeln und das Ei untermischen. Mehl und Backpulver untermengen. Nicht zu lange rühren – der Teig soll fest und krümelig bleiben. Etwa zwei Drittel des Teiges in die Tartelettförmchen verteilen und mit bemehlten Fingern darin flach drücken – keinen Rand hoch ziehen.

3. Die Aprikosen waschen, trockenreiben, halbieren und entsteinen. Je 3 Hälften mit den Schnittflächen nach unten in die Formen legen. Übrigen Teig in Streuseln und gehobelte Mandeln darauf verteilen. Die Tarteletts im Backofen auf der mittleren Schiene gut 25 Minuten backen.

4. Die Tarteletts aus dem Backofen nehmen, auf einem Kuchengitter kurz abkühlen lassen. Die Tarteletts mit den Böden der Förmchen aus den Rändern heben und auf dem Gitter auskühlen lassen.

Sahnige Preiselbeerschnitten

Ein lockerer Biskuitboden aus Buchweizenmehl in Kombination mit einer süßen Preiselbeersahne verspricht ein Geschmackserlebnis der besonderen Art. Ein Rezept für alle, die mit einem außergewöhnlichen Kuchen überraschen wollen.

Für etwa 20 Stücke

Für den Teig:
- 5 Eier (Größe M)
- 1 Prise Jodsalz
- 100 g Zucker
- 1 EL abgeriebene unbehandelte Zitronenschale
- 150 g Buchweizenmehl

Für den Belag:
- 600 g Sahne
- 2 gehäufte EL Sofortgelatine
- 300 g Preiselbeeren (aus dem Glas)
- 4 EL Schokoraspel

Zubereitungszeit
35 Minuten
Backzeit
25 Minuten
Kühlzeit
60 Minuten

1. Den Backofen auf 200 °C (Umluft 180 °C, Gas Stufe 3–4) vorheizen. Backblech mit Backpapier auslegen. Eier trennen. Eiweiß mit dem Salz steif schlagen.

2. Eigelbe, 2 Esslöffel lauwarmes Wasser, Zucker und Zitronenschale mit den Quirlen eines Handrührers in etwa 5 Minuten hell-schaumig aufschlagen. Den Eischnee hinzufügen und das Mehl darüber sieben. Beides mit einem großen Schneebesen unterheben.

3. Die Biskuitmasse gleichmäßig auf dem Backblech verstreichen. Den Biskuit im Backofen auf der mittleren Schiene etwa 25 Minuten backen.

4. Den fertigen Biskuit aus dem Backofen nehmen und kurz abkühlen lassen. Dann auf ein Kuchengitter stürzen, das Backpapier abziehen und den Boden völlig auskühlen lassen.

5. Die Sahne steif schlagen. Dabei die Gelatine einrieseln lassen. Die Preiselbeeren unter die Sahne ziehen.

6. Den Biskuitboden auf eine Platte legen, gleichmäßig mit der Preiselbeersahne bestreichen und mindestens 60 Minuten kalt stellen. Danach dekorativ mit geraspelter Schokolade bestreuen und in Stücke schneiden.

Die Preiselbeerschnitten schmecken herrlich sahnig.

Gekühlte Bananentorte

Bei dieser Torte bleibt der Backofen aus. Allerdings sollten Sie ein wenig Platz im Kühlschrank schaffen, denn eisgekühlt schmeckt der Bananenkuchen am besten – und das nicht nur in der warmen Jahreszeit.

1. Einen Tortenring auf 24 Zentimeter einstellen und auf eine Kuchenplatte setzen – ersatzweise den Rand einer entsprechend großen Springform kopfüber auf die Platte legen. Die Butter in einen kleinen Topf geben, schmelzen und wieder abkühlen lassen.

2. Den Zwieback in einer Küchenmaschine fein zerkleinern und mit der Butter verrühren. Alles in den Ring geben und mit den Händen zu einem Tortenboden zusammendrücken. Den Boden in den Kühlschrank stellen.

3. Die Bananen in Stücke brechen und mit dem Zitronensaft fein pürieren. Mascarpone, Vanillezucker und Bananenpüree in eine Rührschüssel geben und alles mit den Quirlen des Handrührers verrühren. Dabei die Sofortgelatine einrieseln lassen.

4. Die Bananenmischung auf den Zwiebackboden geben und gleichmäßig darauf glatt streichen. Die Torte mindestens 3 Stunden kalt stellen.

5. Nach der Kühlzeit mit einem dünnen langen Messer zwischen Ring und Torte entlangfahren und den Ring vorsichtig abnehmen.

6. Die Bananenchips auf der Torte verteilen. Die Kuchenglasur nach Packungsangabe schmelzen lassen. Ein sehr kleines Loch in den Kunststoffbeutel schneiden und wenig von der Glasur (ca. 10 Gramm) in feinen Linien kreuz und quer über die Torte spritzen. Zuletzt die Kekssticks leicht schräg hineinstecken. Die Torte bald servieren, damit die Deko nicht weich wird.

Küchentipp

Sofortgelatine ist ein Gelatinepulver, das weder eingeweicht noch erwärmt werden muss. Sie können es direkt in die Quark-Sahne-Masse einrühren. Die Handhabung ist also denkbar einfach und spart Zeit. Wenn Sie sorgfältig rühren, bilden sich auch garantiert keine Klümpchen. Statt Sofortgelatine können Sie in den meisten Fällen herkömmliche Blattgelatine oder Gelatinepulver verwenden. Ein Päckchen Sofortgelatine enthält 30 Gramm, das entspricht 6 Blatt Gelatine oder 1 Päckchen gemahlener Gelatine.

Variante

Wenn Sie kein Kokosfan sind oder mal kein Kokoszwieback zu bekommen ist, können Sie ohne weiteres auf Schokoladenzwieback oder auf Löffelbiskuit ausweichen. Sie benötigen in jedem Fall etwa 200 Gramm Gebäck als Grundlage für den Krümelteig.

Für etwa 16 Stücke

Für den Teig:
- **90 g Butter**
- **10 Stück Kokoszwieback (ca. 200 g)**

Für den Belag:
- **4 geschälte Bananen (ca. 400 g)**
- **4 EL Zitronensaft**
- **500 g Mascarpone**
- **1 Päckchen Vanillezucker**
- **3 EL Sofortgelatine**

Zum Verzieren:
- **3–4 EL Bananenchips (getrocknete Bananenscheiben)**
- **1 Beutel dunkle Kuchenglasur**
- **12 Kekssticks mit Schokoladenüberzug**

Zubereitungszeit
30 Minuten
Kühlzeit
mindestens 3 Stunden

Die cremige Bananentorte ist ein Muss für das nächste Familienfest.

Kleine weiße Sachertorte

Für etwa 6 Stücke

Für den Teig:
- 75 g Schokolade
- 3 Eier (Größe M)
- 75 g weiche Butter
- 75 g Zucker
- 80 g gemahlene Mandeln
- 3 TL Mehl
- 1 gestrichener TL Backpulver

Außerdem:
- Fett und Mehl
- 60 g Aprikosenkonfitüre
- 150 g weiße Kuvertüre
- 1 EL Kokos-Plattenfett
- 30 g dunkle Kuvertüre

Zubereitungszeit
50 Minuten
Backzeit
30–35 Minuten

Der Klassiker aus Wien präsentiert sich hier im Miniaturformat und mit weißer Haube. Der Teig wird in einer nur 18 Zentimeter großen Springform gebacken, gerade richtig für einen gemütlichen Sonntagsplausch im Kreis der Familie.

1. Den Backofen auf 180 °C (Umluft 160 °C, Gas Stufe 2–3) vorheizen. Eine Springform (Durchmesser 18 Zentimeter) fetten und mit Mehl ausstreuen.

2. Die Schokolade hacken und im warmen Wasserbad schmelzen lassen. Die Eier trennen. Eiweiß zu steifem Schnee schlagen und beiseite stellen. Butter cremig schlagen, nach und nach Zucker und Eigelbe unterrühren. Dann die Schokolade gleichmäßig unterziehen.

3. Den Eischnee auf die Schokoladencreme geben. Mandeln, Mehl und Backpulver mischen und über den Eischnee streuen, alles locker miteinander vermischen. Den Teig in die Form füllen und im Backofen auf der mittleren Schiene etwa 30 bis 35 Minuten backen. Den fertigen Kuchen aus dem Backofen nehmen und in der Form auskühlen lassen.

4. Den Kuchen aus der Form lösen. Die Konfitüre erwärmen, die Torte damit bestreichen. Die Konfitüre fest werden lassen.

5. Die weiße Kuvertüre hacken und im warmen Wasserbad schmelzen lassen. Die Mini-Torte damit überziehen und den Guss fest werden lassen.

6. Sobald der Guss fest ist, die dunkle Kuvertüre schmelzen lassen und in feinen Linien über die Torte ziehen.

Schokoklassiker im neuen Gewand: kleine weiße Sachertorte.

Käse-Blechkuchen mit Kirschen

Quark plus Obst ist eine beliebte Kombination – nicht nur bei Käsekuchenfans. An die Stelle der Kirschen können vielerlei andere Früchte treten: Pfirsiche, Aprikosen, Birnen, Äpfel oder rote Johannisbeeren, frisch ebenso wie eingemacht.

1. Den Backofen auf 200 °C (Umluft 180 °C, Gas Stufe 3–4) vorheizen. Ein Backblech mit Backpapier auslegen.

2. Quark, Salz, 6 Esslöffel Wasser, Öl und Zucker in eine Rührschüssel geben und mit den Quirlen eines Handrührers schaumig rühren.

3. Mehl und Backpulver mischen und unter die Quarkmischung mengen. Es sollen viele kleine Teigkugeln entstehen. Den Teig mit den Händen kurz durchkneten. Sollte er zu sehr kleben, noch etwas Mehl darunter kneten. Die Schüssel mit einem Tuch abdecken und den Teig etwa 15 Minuten ruhen lassen.

4. Die Butter in einen Topf geben, bei schwacher Hitze schmelzen und dann wieder abkühlen lassen. Die Kirschen in einem Sieb gut abtropfen lassen. Quark, Butter, Salz, Zucker, Puddingpulver, Vanille und Eier in eine Rührschüssel geben und mit den Quirlen des Handrührers verrühren.

5. Den Teig auf einer bemehlten Arbeitsfläche in der Größe des Backblechs ausrollen und auf das Blech legen. Die abgetropften Kirschen auf dem Teig verteilen. Dann die Quarkcreme darüber geben und glatt streichen.

6. Den Kuchen im Backofen auf der mittleren Schiene 35 bis 40 Minuten backen.

7. Den fertigen Kuchen aus dem Backofen nehmen, einige Minuten abkühlen lassen, dann vom Backblech ziehen und auf einem Kuchengitter völlig auskühlen lassen.

Variante

Wenn Sie es lieber mögen und den Aufwand nicht scheuen, können Sie auch einen Hefeteig als Grundlage wählen. Mischen Sie dafür 400 Gramm Mehl mit einem Päckchen Trockenhefe, einer Prise Jodsalz und 50 Gramm Zucker. Dann verkneten Sie das Gemisch mit einem Ei der Gewichtsklasse M, 80 Gramm flüssiger Butter und etwa 200 Milliliter lauwarmer Milch. Kneten Sie den Teig auf einer bemehlten Arbeitsfläche, bis er geschmeidig ist. Decken Sie den Teig ab und lassen Sie ihn an einem warmen Ort in etwa 45 Minuten zu doppeltem Volumen aufgehen. Anschließend rollen Sie den Teig aus, legen ihn auf ein mit Backpapier ausgelegtes Backblech, decken ihn ab und lassen ihn erneut etwa 15 Minuten gehen. Inzwischen bereiten Sie den Belag wie im Rezept angegeben zu.
Übrigens: Wenn Sie Schichtkäse statt Magerquark verwenden, wird der Kuchen noch saftiger.

Für etwa 20 Stücke

Für den Teig:
- **150 g Magerquark**
- **1 Prise Jodsalz**
- **5 EL Maiskeimöl**
- **60 g Zucker**
- **300 g Mehl**
- **3 TL Backpulver**

Für den Belag:
- **80 g Butter**
- **1 Glas entsteinte Schattenmorellen (350 g Abtropfgewicht)**
- **850 g Magerquark**
- **1 Prise Jodsalz**
- **150 g Zucker**
- **1 Päckchen Vanillepuddingpulver zum Kochen**
- **1/2–1 TL gemahlene Vanille**
- **3 Eier (Größe M)**

Außerdem:
- **Mehl für die Arbeitsfläche**

Zubereitungszeit
30 Minuten
Ruhezeit
15 Minuten
Backzeit
35–40 Minuten

Durch die eingelegten Schattenmorellen wird der einfache Käsekuchen vom Blech ein saftiger Genuss.

Falsche Schwarzwälder Kirschtorte

Für etwa 16 Stücke

Für den Teig:
- 4 Eier (Größe M)
- 1 Prise Jodsalz
- 150 g weiche Butter oder Margarine
- 80 g Zucker
- 2 EL Kakaopulver
- 2 TL Backpulver
- 200 g gemahlene Haselnusskerne

Für den Belag:
- 1 Glas Schattenmorellen (350 g Abtropfgewicht)
- 1 1/2 EL Speisestärke (ca. 15 g)
- 300 g Sahne
- 1 Päckchen Vanillezucker
- 3–4 EL Schokoladenraspel

Zubereitungszeit
40 Minuten
Backzeit
40–45 Minuten
Wartezeit
60 Minuten

Dieser Kuchen erinnert an die beliebte Schwarzwälder Kirschtorte, seine Zubereitung ist jedoch wesentlich einfacher. Außerdem steckt kein Alkohol darin, die Torte schmeckt und bekommt also auch Kindern.

1. Den Backofen auf 180 °C (Umluft 160 °C, Gas Stufe 2–3) vorheizen. Den Boden einer Springform von 26 Zentimeter Durchmesser mit Backpapier auslegen.

2. Die Eier trennen. Eiweiß zusammen mit dem Salz zu steifem Schnee schlagen. Die Butter oder Margarine schaumig rühren, Zucker und Eigelbe hinzufügen und die Masse weiter rühren, bis sie cremig ist.

3. Kakaopulver, Backpulver und Nüsse mischen und unter den Teig mengen. Den Eischnee unterheben. Den Teig in die vorbereitete Form füllen, glatt streichen und im Backofen auf der mittleren Schiene 40 bis 45 Minuten backen.

4. Den fertigen Kuchen aus dem Backofen nehmen und in der Form 30 Minuten lang abkühlen lassen. Den Springformrand vorsichtig lösen, den Kuchen auf ein Kuchengitter stürzen, den Boden der Form und das Backpapier abnehmen und den Kuchen in weiteren 30 Minuten vollständig auskühlen lassen.

5. Die Schattenmorellen abtropfen lassen, dabei den Saft auffangen. Etwa 200 Milliliter Saft in einen Topf geben und aufkochen. Die Stärke mit 3 Esslöffel Kirschsaft anrühren, in den kochenden Saft einrühren und erneut aufkochen. Topf vom Herd nehmen. Die Schattenmorellen untermischen, etwas abkühlen lassen und auf dem Tortenboden verteilen. Auskühlen lassen.

6. Die Sahne steif schlagen, dabei zum Schluss den Vanillezucker einrieseln lassen. Die Torte mit der Sahne überziehen. Den Tortenrand mit den Schokoladenraspeln verzieren. Die Torte möglichst frisch verzehren.

Die falsche Schwarzwälder Kirschtorte schmeckt so gut wie die echte und gelingt bestimmt nicht nur Konditoren.

Mango-Frischkäse-Torte

Diese Trendtorte ist frisch und fruchtig im Geschmack und enthält dazu noch eine ganze Portion Vitamine. Ein Kuchen, der Licht in dunkle Wintertage bringt, aber auch an warmen Sommertagen für willkommene Erfrischung sorgt.

1. Einen Tortenring auf 22 Zentimeter einstellen und auf eine Kuchenplatte setzen – oder den Rand einer entsprechend großen Springform kopfüber auf die Platte legen. Die Butter schmelzen und abkühlen lassen.

2. Die Butterkekse in einer Küchenmaschine fein zerkleinern. Die Krümel mit der Butter verrühren, alles in den Ring geben und mit den Händen zu einem Tortenboden zusammendrücken. Den Boden kalt stellen.

3. Für den Belag Frischkäse, Magerquark, Zucker und Multivitaminsaft mit den Quirlen eines Handrührers verrühren, die Sofortgelatine gründlich unterrühren. Die Creme auf dem Keksboden glatt streichen. Die Mango schälen, das Fruchtfleisch in Spalten vom Stein und dann in kleine Würfel schneiden und gleichmäßig auf dem Kuchen verteilen.

4. Für den Guss Vitaminsaft, Zucker und Sofortgelatine verrühren – dabei sollte der Saft möglichst wenig schäumen. Die Mischung auf der Torte verteilen. Die Torte mindestens 3 Stunden kalt stellen.

5. Nach der Kühlzeit mit einem dünnen langen Messer zwischen Ring und Torte entlangfahren und den Ring vorsichtig abnehmen.

Verziertipp

Die Blätter von 12 Physalis (Kapstachelbeeren) vorsichtig öffnen und nach hinten streifen. Die Früchte feucht abreiben und in den noch flüssigen Guss setzen.

Für etwa 12 Stücke

Für den Teig:
- 80 g Butter
- 150 g Butterkekse

Für den Belag:
- 350 g Doppelrahm-Frischkäse (70 % Fett)
- 150 g Magerquark
- 2 EL Zucker
- 150 ml Multivitaminsaft
- 3 EL Sofortgelatine (siehe Küchentipp Seite 21)
- 1 reife Mango (ca. 400 g)

Für den Guss:
- 150 ml Multivitaminsaft
- 1 TL Zucker
- 2 1/2 EL Sofortgelatine

Zubereitungszeit
40 Minuten
Kühlzeit
3 Stunden

Heute bleibt der Backofen kalt! Für die Mango-Frischkäse-Torte brauchen Sie nur Platz im Kühlschrank.

Dinkel-Kirsch-Kuchen

Für etwa 16 Stücke

- **1 Glas entsteinte Schattenmorellen (350 g Abtropfgewicht)**
- **100 g Zartbitter- oder Vollmilchschokolade**
- **175 g weiche Butter oder Margarine**
- **150 g Zucker**
- **5 Eier (Größe M)**
- **1 Prise Jodsalz**
- **150 g gemahlene Haselnüsse**
- **200 g Dinkelvollkornmehl**
- **2 TL Backpulver**
- **4 EL Milch**

Zubereitungszeit
35 Minuten
Backzeit
60–70 Minuten

Saftige Variante des versunkenen Obstkuchens. Im Winter wandert eingemachtes Obst in den Teig: Kirschen, Birnen, Aprikosen oder Pfirsiche. In den Sommermonaten bietet sich natürlich frisches Obst der Saison an.

1. Den Backofen auf 200 °C (Umluft 180 °C, Gas Stufe 3–4) vorheizen. Den Boden einer Springform von 26 Zentimeter Durchmesser mit Backpapier auslegen. Die Schattenmorellen abtropfen lassen. Die Schokolade mit einem Messer fein hacken oder auf einer Metallreibe reiben.

2. Butter oder Margarine mit den Quirlen des Handrührers cremig rühren. Zucker und Eier hinzufügen und die Masse weiter rühren, bis sie deutlich heller und schön schaumig ist.

3. Schokolade, Salz und Nüsse unter die Schaummasse heben. Mehl und Backpulver mischen und unterrühren, dann die Milch hinzufügen. Den Teig in die Form füllen, glatt streichen und mit den Schattenmorellen belegen.

4. Den Kuchen im Backofen auf der mittleren Schiene 60 bis 70 Minuten backen. Ist er innen noch nicht gar und wird er außen bereits zu dunkel, die Temperatur auf 180 °C (Umluft 160 °C, Gas Stufe 2–3) senken und die Form mit Backpapier abdecken.

5. Den fertigen Kuchen aus dem Backofen nehmen und in der Form 15 Minuten lang abkühlen lassen. Dann den Springformrand vorsichtig lösen, den Kuchen vom Boden nehmen, auf ein Kuchengitter setzen und dort vollständig auskühlen lassen.

Toptipp
Bei diesem Rezept kann man gut übrig gebliebene Schokoladen-Nikoläuse oder -Osterhasen verwerten. 100 Gramm davon abwiegen und in der Küchenmaschine kurz zerkleinern: Fertig sind die Schokoladenbrösel für den Kuchenteig.

Mehlvariante
Besonders saftig und aromatisch wird der Kuchen, wenn Sie frisch gemahlenes Dinkelmehl verwenden. Sollten Sie mal kein Dinkelvollkornmehl im Haus haben, nehmen Sie einfach Weizenvollkornmehl. Beide Getreidesorten sind miteinander verwandt.

In schokoladig-nussigem Dinkelvollkornteig verstecken sich saftige Kirschen.

Gestürzter Apfelkuchen

Für etwa 16 Stücke

Für den Teig:
- **100 g weiche Butter oder Margarine**
- **150 g Vanillejoghurt**
- **90 g Zucker**
- **1 Päckchen Vanillezucker**
- **2 Eier (Größe M)**
- **250 g Mehl**
- **2 1/2 TL Backpulver**

Für den Belag:
- **4–5 mittelgroße aromatische Äpfel (ca. 700 g)**
- **6 EL Mandelblättchen (ca. 60 g)**

Außerdem:
- **weiche Butter oder Margarine für die Form**

Zubereitungszeit
30 Minuten
Backzeit
35–40 Minuten

Rührteig mit Äpfeln darauf – einer der beliebtesten Klassiker. Bei diesem Rezept ist es gerade andersherum: Zuerst kommen die Äpfel in die Form, dann der Teig. Nach dem Backen wird der Kuchen einfach umgedreht – und das Obst liegt oben.

1. Den Backofen auf 200 °C (Umluft 180 °C, Gas Stufe 3–4) vorheizen. Den Boden einer Springform von 26 Zentimeter Durchmesser mit Backpapier auslegen. Den Rand der Form gründlich mit Butter oder Margarine ausstreichen.

2. Butter oder Margarine mit den Quirlen des Handrührers cremig rühren. Den Joghurt dazugeben und die Mischung schaumig schlagen. Zucker, Vanillezucker und Eier gründlich untermengen, dann Mehl und Backpulver mischen und ebenfalls unterrühren.

3. Die Äpfel schälen, vierteln und entkernen. Die Apfelviertel in dünne Spalten schneiden und den Boden der vorbereiteten Springform damit schuppenförmig auslegen. Gut 3 Esslöffel Mandelblättchen auf den Äpfeln verteilen.

4. Den Teig in die Form füllen und zum Rand hin vorsichtig glatt streichen. Den Kuchen im Backofen auf der mittleren Schiene 35 bis 40 Minuten backen. In der Zwischenzeit die restlichen knapp 3 Esslöffel Mandelblättchen in einer kleinen beschichteten Pfanne ohne Fett goldbraun rösten, dann beiseite stellen.

5. Den fertigen Kuchen aus dem Backofen nehmen und kurz in der Form abkühlen lassen. Dann den Springformrand vorsichtig lösen und den Kuchen auf ein Kuchengitter stürzen. Den Boden der Form abheben und das Backpapier vorsichtig abziehen.

6. Die gerösteten Mandeln zügig auf den Äpfeln verteilen und andrücken. Den Kuchen vor dem Servieren vollständig auskühlen lassen.

Tortentipp
So zaubern Sie aus dem gestürzten Apfelkuchen schnell eine Apfeltorte: 200 Gramm Sahne steif schlagen, dabei 1 Päckchen Vanillezucker und 2 gehäufte Esslöffel Sofortgelatine einrieseln lassen. Zügig 200 Gramm Vanillejoghurt unter die Sahne ziehen und die Mischung auf den kalten Kuchen streichen. Die gerösteten Mandeln darauf verteilen und den Kuchen 60 Minuten kalt stellen.

Variante
Anstelle von Äpfeln können Sie beinahe jedes Obst der Saison verwenden, etwa Birnen, Pflaumen, Rhabarber, Aprikosen, Pfirsiche, Schattenmorellen oder Stachelbeeren.

So geht's einfacher
Wer es ganz besonders eilig hat und es gern unkompliziert mag, der kann den gestürzten Apfelkuchen auch mit einer Backmischung für Rührkuchenteige backen. Infrage kommen u. a. eine Rührteigmischung für Nusskuchen (ca. 410 Gramm), eine Rührteigmischung für Schokoladenkuchen mit Schokoladenstückchen (ca. 400 Gramm), eine einfache helle Rührteigmischung mit Schokoladenstückchen (ca. 425 Gramm), eine Rührteigmischung für Marmorkuchen (ca. 400 Gramm) oder eine Rührteigmischung für Sandkuchen (ca. 400 Gramm). Natürlich benötigen Sie in jedem Fall noch die jeweiligen Zutaten laut Packungsbeschreibung. Zu den Schokoladenvarianten passt Birne als Belag besonders gut.

Kokosrolle mit Ananas

Kokos und Ananas sind ein altbewährtes Paar, das nicht nur in flüssiger Form als Piña Colada bestens harmoniert. Bei dieser Biskuitrolle verbergen sich die Kokosraspel im Teig, in der Sahne-Quark-Füllung stecken die Ananasstückchen.

1. Den Backofen auf 200 °C (Umluft 180 °C, Gas Stufe 3–4) vorheizen. Ein Backblech mit Backpapier auslegen.

2. Die Eier trennen. Eiweiß mit dem Salz zu steifem Schnee schlagen und beiseite stellen. Die Eigelbe mit dem Zucker hellcremig aufschlagen. Den Eischnee darauf geben. Mehl, Stärke und Kokosraspel mischen, auf den Eischnee geben und alles vorsichtig vermengen. Den Teig auf dem Blech gleichmäßig verstreichen und im Backofen auf der mittleren Schiene 15 Minuten backen.

3. Den fertigen Biskuit aus dem Backofen nehmen und kurz auf dem Backblech abkühlen lassen, dann auf ein bemehltes Küchentuch stürzen und das Backpapier abziehen. Den Biskuit sofort mit Hilfe des Tuches von einer Längsseite her aufrollen. Etwa 30 Minuten auskühlen lassen.

4. Inzwischen für die Füllung die Ananasstücke in einem Sieb gut abtropfen lassen. 8 Stücke halbieren und zum Garnieren beiseite legen. Die anderen Stücke in kleine Würfel schneiden.

5. Die Sahne steif schlagen, dabei den Zucker einrieseln lassen. Dann unter den Quark heben.

6. Den Biskuit wieder entrollen. Etwa zwei Drittel der Quark-Sahne-Masse darauf verstreichen. Die Ananasstücke gleichmäßig darauf verteilen. Den Kuchen mit Hilfe des Tuches aufrollen und mit der Naht nach unten auf eine längliche Platte heben.

7. Die Biskuitrolle mit der restlichen Quark-Sahne-Masse bestreichen. Zum Garnieren die 16 Ananasstücke auf die Oberfläche legen und damit gleichzeitig die Stücke markieren. Die Kokoschips darüber streuen und an den Seiten etwas andrücken. Die Rolle zum Durchziehen zugedeckt 1 bis 2 Stunden in den Kühlschrank stellen.

Für 16 Stücke

Für den Teig:
- 5 Eier (Größe M)
- 1 Prise Jodsalz
- 150 g feiner Zucker
- 100 g Mehl
- 50 g Speisestärke
- 50 g Kokosraspel

Für die Füllung:
- 340 g Ananasstücke aus der Dose
- 200 g Sahne
- 50 g Zucker
- 250 g Magerquark

Außerdem:
- Mehl für das Tuch
- 3 EL Kokoschips (Naturkostladen)

Zubereitungszeit
30 Minuten
Backzeit
15 Minuten
Kühlzeit
1–2 Stunden

Kokosrolle zubereiten

1. Die Biskuitrolle lässt sich mit Hilfe eines eingemehlten Tuchs einfach aufrollen.

2. Den Ananas-Sahne-Quark gleichmäßig auf den abgekühlten Biskuitboden streichen.

Orangenrehrücken unter Orangenmarzipan

Für etwa 16 Stücke

- Fett und Mehl
- 2 unbehandelte Orangen
- 125 g weiche Butter
- 150 g Zucker
- 3 Eier (Größe M)
- 250 g Mehl
- 2 TL Backpulver
- 200 g Marzipanrohmasse
- 50 g Puderzucker
- kandierte Orangenscheiben

Zubereitungszeit
30 Minuten
Backzeit
40 Minuten
Ruhezeit
mindestens 2 Stunden

Bild unten: Orangenrehrücken

Dieser Kuchen ist im Winter am besten, dann haben Zitrusfrüchte Hochsaison. Im Teig stecken Orangensaft und -schale, und weil der Kuchen nach dem Backen zusätzlich mit Orangensaft getränkt wird, ist er supersaftig.

1. Den Backofen auf 180 °C (Umluft 160 °C, Gas Stufe 2–3) vorheizen. Eine Rehrückenform von 30 Zentimeter Länge fetten und mit Mehl ausstauben.

2. Orangen heiß abwaschen, abtrocknen und die Schale fein abreiben. Die Früchte halbieren und den Saft auspressen.

3. Butter und Zucker mit den Quirlen des elektrischen Handrührers schaumig schlagen, die Eier nacheinander aufschlagen und unterrühren. 100 Milliliter Orangensaft dazugeben. Das Mehl mit dem Backpulver und der Hälfte der Orangenschale mischen und nach und nach unter den Teig rühren.

4. Den Teig in der Form glatt streichen und im Backofen auf der mittleren Schiene 40 Minuten backen. Den fertigen Kuchen herausnehmen, kurz in der Form ruhen lassen, dann auf ein Kuchengitter stürzen und auskühlen lassen.

5. Marzipanrohmasse mit Puderzucker und restlicher Orangenschale gründlich verkneten. Das Marzipan zwischen zwei Lagen Klarsichtfolie zu einem Rechteck ausrollen, mit dem der Kuchen völlig bedeckt werden kann.

6. Den Kuchen mehrmals einstechen, mit dem restlichen Orangensaft beträufeln. Vom ausgerollten Marzipan die obere Folie abziehen, das Marzipan umgedreht auf den Kuchen legen, die andere Folie vorsichtig abziehen. Mit kandierten Orangenstücken garnieren. Den Kuchen abgedeckt 2 Stunden ziehen lassen.

Mehrschichtige Mandelzöpfe

Mit diesem raffinierten Kleingebäck sprechen Sie bestimmt fast alle Geschmäcker an. Die Zöpfe machen wenig Arbeit, der Hefeteig braucht allerdings ausreichend Zeit zum Gehen, damit er schön locker wird.

1. Die Hefe in die Milch bröckeln, 1 Esslöffel Zucker dazugeben und alles unter Rühren auflösen. Die Mischung zugedeckt an einem warmen Ort 15 Minuten gehen lassen.

2. Das Mehl mit dem restlichen Zucker, dem Vanillezucker und der Butter oder Margarine in eine Rührschüssel geben. Die Hefemilch dazugießen und alles mit den Knethaken des elektrischen Handrührers etwa 5 Minuten zu einem geschmeidigen Teig verkneten. Diesen zugedeckt 30 Minuten gehen lassen.

3. Inzwischen für die Füllung die Mandeln, die Butter und den Zucker mit einer Gabel in einer kleinen Schüssel verrühren. Ein Backblech mit Backpapier auslegen.

4. Den Teig auf leicht bemehlter Arbeitsfläche zu einem etwa 30 x 40 Zentimeter großen Rechteck ausrollen. Die Füllung mit einer Palette oder einem Teigschaber sehr dünn darauf verstreichen. Den Teig von einer Längsseite her 10 Zentimeter nach innen schlagen, die gegenüberliegende Seite darüber klappen.

5. Diesen 10 Zentimeter breiten Streifen dann quer in etwa 3 Zentimeter breite Stücke schneiden. Jedes Stück noch zweimal längs einschneiden, dabei an einem Ende nicht durchschneiden. Die Stücke zum Zopf flechten und mit etwas Abstand zueinander auf das Backblech setzen. Zugedeckt 15 Minuten an einem zugfreien Ort gehen lassen.

6. Inzwischen den Backofen auf 200 °C (Umluft 180 °C, Gas Stufe 3–4) vorheizen. Die Zöpfe darin auf der mittleren Schiene in 15 Minuten goldbraun backen. Die fertigen Zöpfe herausnehmen und auf dem Backblech auskühlen lassen.

Variante

Die Mandeln können Sie durch gemahlene Walnuss- und Haselnusskerne oder durch getrocknete Kokosraspel ersetzen.

Für 13 Stück

Für den Teig:
- **1/2 Würfel frische Hefe (21 g)**
- **1/8 l lauwarme Milch**
- **40 g Zucker**
- **250 g Mehl**
- **1 Päckchen Vanillezucker**
- **30 g weiche Butter oder Margarine**

Für die Füllung:
- **100 g gemahlene Mandeln**
- **80 g weiche Butter**
- **30 g Zucker**

Außerdem:
- **Mehl zum Ausrollen**

Zubereitungszeit
30 Minuten
Ruhezeit
60 Minuten
Backzeit
15 Minuten

Besonders aromatisch schmecken die kleinen Zöpfe mit frisch geschälten und gemahlenen Mandeln.

Kuchen-zauberei mit fixen Helfern

Lust auf Kuchen, aber keine Zeit? Spontaner Besuch im Anmarsch? Kein Problem! Mit Fertigteigen oder Backmischungen und wenigen frischen Zutaten ist raffiniertes Gebäck im Nu fertig.

Apfel-Butterkuchen mit Mandeln

Für etwa 20 Stücke

- **1 Paket Tiefkühl-Hefeteig (450 g)**
- **1 Zitrone**
- **1,3 kg säuerliche Äpfel (z. B. Boskop)**
- **70 g Zucker**
- **1 TL gemahlener Zimt**
- **70 g kalte Butter**
- **70 g Mandelblättchen**

Außerdem:

- **Fett für das Backblech**
- **Mehl für die Arbeitsfläche**

Auftauzeit
20 Minuten
Zubereitungszeit
30 Minuten
Backzeit
20–25 Minuten

Hefeteig aus der Tiefkühltruhe bildet das Fundament für diesen schnellen, saftigen Apfelkuchen, der auf der Kaffeetafel garantiert Furore macht. Für Abwechslung ist gesorgt, wenn Sie die Hälfte der Äpfel durch Birnen ersetzen.

1. Die Hefeteigplatten nebeneinander legen und unter einem sauberen Tuch auftauen lassen. Ein Backblech gründlich fetten.

2. Die Teigscheiben nebeneinander auf das Backblech legen und dünn mit Mehl bestauben. Ausrollen, bis das Blech ganz ausgekleidet ist.

3. Die Zitrone auspressen. Äpfel vierteln, schälen und die Kerngehäuse entfernen. Die Viertel in Spalten schneiden, sofort mit Zitronensaft beträufeln und auf dem Teig auslegen. Zucker und Zimt mischen und aufstreuen, die kalte Butter in kleinen Flöckchen darauf verteilen. Die Mandelblättchen aufstreuen, den Kuchen mit einem Tuch bedecken und noch 10 bis 15 Minuten ruhen lassen.

4. Den Backofen auf 200 °C (Umluft 180 °C, Gas Stufe 3–4) vorheizen. Den Kuchen im Backofen auf der mittleren Schiene 20 bis 25 Minuten backen.

5. Den fertigen Kuchen aus dem Backofen nehmen und abkühlen lassen. Möglichst frisch gebacken servieren.

Der Apfelkuchen vom Blech ist prima, wenn viele hungrige Mäuler zu stopfen sind. Und mit einem Hefeteig aus der Tiefkühltruhe ist er im Nu fertig.

Mandarinen-Streusel-Schiffchen

Die kleinen Mandarinenspalten sind bei vielen Kids der Hit. Hier werden sie rasch zu feinen kleinen Törtchen verarbeitet. Wer die Schiffchenformen nicht hat, bereitet die Törtchen im Muffinblech zu oder backt eine große Torte mit Mandarinenfüllung.

1. Den Backofen auf 200 °C (Umluft 180 °C, Gas Stufe 3–4) vorheizen. 12 kleine Schiffchenbackformen (8 x 5 Zentimeter groß, 45 Milliliter Inhalt) gründlich mit Butter oder Margarine ausstreichen und mit Mehl ausstreuen.

2. Den Teig nach Packungsangabe zubereiten. Die Förmchen mit Teig auskleiden, den Teig auch an den Rändern hoch drücken. In jedes Törtchen etwa 3 Mandarinenspalten legen und diese mit Streuseln bestreuen.

3. Die Törtchen im Backofen auf der mittleren Schiene in etwa 25 Minuten goldbraun backen.

Variante
Gut schmecken die Törtchen auch mit Pfirsichen aus der Dose oder Heidelbeeren aus dem Glas. Beides gut abtropfen lassen und die Pfirsiche in feine Spalten schneiden.

Für 12 Stück

- **1 Packung Grundmischung Mürbeteig/Streuselteig (400 g)**
- **weitere Zutaten nach Packungsangabe**
- **1 Dose Mandarinen (175 g Abtropfgewicht)**

Außerdem:
- **Butter oder Margarine und Mehl für die Förmchen**

Zubereitungszeit
20 Minuten
Backzeit
25 Minuten

Warmer Zimt-Walnuss-Ring

Schneller geht's kaum: Gekühlter Brötchenteig aus der Dose wird in einer Mischung aus Zimt und Zucker gewendet, mit Walnüssen bestreut und für 20 Minuten in den Ofen geschoben. Die Küchlein unbedingt genießen, solange sie warm sind.

1. Den Backofen auf 200 °C (Umluft 180 °C, Gas Stufe 3–4) vorheizen. Eine runde Backform oder ein Backblech mit Backpapier auslegen.

2. Den Teig aus der Dose nehmen und in 4 einzelne Brötchen teilen. Jedes Brötchen mit einem Messer vorsichtig quer halbieren.

3. Die Butter schmelzen lassen und in einem Schälchen mit Zucker und Zimt verrühren. Die Brötchenscheiben darin wenden und so auf das Backblech legen, dass sich ein Ring ergibt.

4. Die Walnusskerne grob hacken und über die Brötchen streuen. Den Walnussring im Backofen auf der mittleren Schiene etwa 20 Minuten backen. Den fertigen Ring herausnehmen und unbedingt noch warm servieren.

Für 8 Stücke

- **1 Dose gekühlter Frischteig »4 Sonntagsbrötchen« (200 g)**
- **30 g Butter**
- **2 EL Zucker**
- **1/2 TL gemahlener Zimt**
- **30 g Walnusskerne**

Zubereitungszeit
10 Minuten
Backzeit
20 Minuten

Mohn-Aprikosen-Schnecken

Für etwa 18 Stück

- 8 Trocken-Aprikosen
- 50 g gemahlener Mohn
- 2 EL Mandelblättchen
- 1 EL Zucker
- 1 Päckchen Vanillezucker
- 1 EL abgeriebene unbehandelte Zitronenschale
- 1 EL Zitronensaft
- 150 g Sahne
- 1 Dose Frischteig »6 Croissants« (200 g)
- 1 kleines Eigelb
- 2 EL Milch

Zubereitungszeit
25 Minuten
Quellzeit
30 Minuten
Backzeit
20 Minuten

Alle Liebhaber von Mohnschnecken finden hier eine einfache und schnelle Variante. Statt des sonst üblichen Hefeteigs wird Croissantteig aus der Dose verwendet, der das Gebäck besonders locker macht.

1. Die Aprikosen in kleine Würfel schneiden und mit Mohn, Mandeln, Zucker, Vanillezucker, Zitronenschale und -saft gut mischen. Die Sahne erhitzen. Die Mohnmischung damit begießen und zugedeckt 30 Minuten quellen lassen.

2. Den Backofen auf 200 °C (Umluft 180 °C, Gas Stufe 3–4) vorheizen. Ein Backblech mit Backpapier auslegen.

3. Den Croissantteig quer in 3 Rechtecke teilen. Die diagonalen Perforierungen fest zusammendrücken und die Teigstücke leicht ausrollen.

4. Die Mohnmischung gleichmäßig auf die 3 Teigplatten verteilen und glatt streichen. Die Teigplatten von einer Schmalseite her aufrollen und jede Rolle in etwa 6 Scheiben schneiden. Die Schnecken mit etwas Abstand zueinander auf das Backblech legen.

5. Das Eigelb mit der Milch verquirlen, die Mohnschnecken damit bestreichen und im Backofen auf der mittleren Schiene etwa 20 Minuten backen. Die Mohn-Aprikosen-Schnecken aus dem Backofen nehmen und auf einem Kuchengitter auskühlen lassen.

Knusprige Sesam-Honig-Schnecken

Für 24 Stück

- 6 quadratische Platten Tiefkühl-Blätterteig (etwa 280 g)
- 20 g Butter
- 2 EL Honig
- Mehl zum Ausrollen
- 2 EL Sesamsamen

Zubereitungszeit
10 Minuten
Auftauzeit
10 Minuten
Backzeit
15 Minuten

Die Mohn-Aprikosen-Schnecken sind ganz besonders köstlich.

Wenn es mal ganz fix gehen soll, liegen Sie mit diesem Gebäck goldrichtig. Es ist eines der schnellsten Rezepte in diesem Buch. Sie benötigen dafür nur fünf Zutaten, die Sie jederzeit im Haus haben können – eine Backidee für Kurzentschlossene.

1. Die Teigplatten nebeneinander auf ein Brett legen und zugedeckt auftauen lassen. Den Backofen auf 200 °C (Umluft 180 °C, Gas Stufe 3–4) vorheizen. Ein Backblech mit Backpapier auslegen.

2. Die Butter und den Honig in einem kleinen Topf schmelzen lassen und miteinander verrühren. Je 3 Blätterteigplatten übereinander legen und auf einer leicht bemehlten Fläche auf eine Länge von etwa 35 Zentimeter ausrollen.

3. Die Honigbutter auf beide Teigplatten verteilen und mit einem Esslöffel auf dem gesamten Teig verstreichen. Die Sesamsamen darüber streuen. Beide Teigplatten von der schmalen Seite her aufrollen und in je 12 Scheiben schneiden.

4. Die Schnecken auf das vorbereitete Backblech legen und im Backofen auf der mittleren Schiene in mindestens 15 Minuten goldgelb backen.

Aufbewahrungstipp
Die Schnecken schmecken frisch gebacken am besten – dann sind sie schön kross. In einer Metalldose gelagert bleiben sie einen Tag lang knusprig. Wichtig ist, dass die Schnecken beim Verpacken völlig ausgekühlt sind.

Beerentarte mit Schmandguss

Für etwa 12 Stücke

- **1 Dose gekühlter Frischteig »6 Hörnchen« (200 g)**
- **1 unbehandelte Zitrone**
- **250 g gemischte Beeren (frisch oder tiefgekühlt)**
- **200 g Schmand**
- **2 Eier (Größe M)**
- **2 EL Zucker**
- **1 Päckchen Vanillezucker**

Außerdem:

- **etwas weiche Butter oder Margarine für die Form**

Zubereitungszeit
20 Minuten
Backzeit
35 Minuten

Ob Johannisbeeren, Himbeeren, Brombeeren, Heidelbeeren, Erdbeeren, solo oder gemischt, für diese Tarte kommen sie alle in Frage – ganz gleich ob frisch oder tiefgekühlt. Und mit Fertigteig aus dem Kühlregal ist die Tarte schnell gebacken.

1. Den Backofen auf 200 °C (Umluft 180 °C, Gas Stufe 3–4) vorheizen. Eine Tarteform von 22 Zentimeter Durchmesser sorgfältig fetten.

2. Den Hörnchenteig aus der Dose nehmen und quer in 3 Rechtecke teilen. Die diagonalen Perforierungen fest zusammendrücken, die Teigstücke leicht ausrollen und die Tarteform damit auskleiden. Überstehende Teigstücke abschneiden und den Rand der Form damit auskleiden. Darauf achten, dass die Teigplatten leicht überlappen. Alle Nahtstellen fest andrücken.

3. Die Zitrone heiß waschen, abtrocknen und die Schale abreiben. Frische Beeren verlesen, vorsichtig waschen und mit Küchenpapier trockentupfen. Frische oder tiefgekühlte Beeren gleichmäßig auf dem Teig verteilen. Schmand, Eier, Zucker, Vanillezucker und Zitronenschale gründlich verquirlen und über die Beeren verteilen. Die Beerentarte im Backofen auf der mittleren Schiene etwa 35 Minuten backen.

4. Den fertigen Kuchen aus dem Backofen nehmen, einige Minuten abkühlen lassen. Dann vorsichtig vom Rand der Form lösen, auf ein Kuchengitter setzen und auskühlen lassen.

Serviertipp
Ganz frisch schmeckt die Beerentarte am besten, Sie können sie sogar lauwarm genießen. Bereiten Sie sie deshalb erst kurz vor dem Servieren zu.

Der französische Klassiker ist auch ein feiner fruchtiger Nachtisch und dank des fertigen Frischteigs schnell zubereitet.

Traubentorte mit Schokomousse

Diese Torte ist ohne großen Aufwand fix zubereitet. Zuerst werden die Trauben in der Form arrangiert und dann gleich mitgebacken. Schokomousse aus dem Becher sorgt für das gewisse Etwas.

Für etwa 12 Stücke

- **300 g blaue Trauben**
- **300 g kernlose grüne Trauben**
- **1 Packung Grundmischung Biskuitteig (330 g)**
- **Eier nach Packungsangabe**
- **200 g Schokomousse (Fertigprodukt)**

Außerdem:

- **weiche Butter oder Margarine für die Form**

Zubereitungszeit
20 Minuten
Backzeit
35–40 Minuten

1. Den Backofen auf 180 °C (Umluft 160 °C, Gas Stufe 2–3) vorheizen. Eine beschichtete Springform von 26 Zentimeter Durchmesser fetten. (Wenn Sie eine unbeschichtete Form haben, den Boden mit Backpapier auslegen.)

2. Die Trauben waschen, trockentupfen und von den Stielen zupfen. Die blauen Trauben halbieren, dabei die Kerne entfernen. Zunächst mit einigen blauen Trauben einen äußeren Ring in der Form arrangieren, dabei die Früchte mit den Schnittflächen nach unten dicht nebeneinander legen.

3. Danach ganze grüne Trauben ringförmig hineinlegen. Abwechselnd blaue und grüne Ringe legen, bis der Boden bedeckt ist. Übrige grüne Trauben auf die äußersten blauen Trauben legen. Übrige blaue Hälften auf den anderen blauen Trauben verteilen.

4. Den Biskuitteig nach der Packungsanleitung mit Eiern und Wasser zubereiten, über den Trauben verteilen und vorsichtig glatt streichen. Den Kuchen im Backofen auf der mittleren Schiene 35 bis 40 Minuten backen.

5. Den fertigen Kuchen aus dem Backofen nehmen und in der Form auskühlen lassen. Anschließend den Springformrand vorsichtig entfernen. Vom Kuchen oben einen etwa 2 Zentimeter dicken Boden abschneiden. Diesen mit der Schnittfläche nach oben auf eine Tortenplatte legen und mit der Schokomousse bestreichen. Die untere Hälfte des Traubenkuchens vorsichtig darauf stürzen, so dass die Trauben oben sind.

Varianten

Statt Schokomousse passt auch Vanillemousse sehr gut. Wer Fett sparen will, nimmt Schoko- oder Vanillepudding. Dafür ein halbes Päckchen Puddingpulver nach der Packungsanleitung mit Milch und Zucker zubereiten. Den Pudding unter Rühren erkalten lassen und wie beschrieben auf den Boden streichen.

Traubentorte zubereiten

1. Blaue und grüne Trauben ringförmig auf dem Boden der Springform anordnen.

2. Die Schokomousse gleichmäßig auf den unteren Kuchenboden streichen.

3. Den zweiten Kuchenboden mit den Trauben nach oben auf die Schokomousse legen.

Schokoschnitten mit Sahnetopping

Bei diesen Schnitten kommen Schokoladenfans voll auf ihre Kosten: Ein Schokoladenkuchen wird mit Schokosahne bestrichen und mit Schokoladenraspeln getoppt. Dabei ist alles ganz unkompliziert in der Zubereitung.

1. Den Backofen auf 180 °C (Umluft 160 °C, Gas Stufe 2–3) vorheizen. Ein Backblech mit Backpapier auslegen.

2. Den Teig nach Packungsangabe zubereiten, dabei 5 Esslöffel Milch oder Wasser zusätzlich unterrühren. Den Teig auf dem Backblech verstreichen und im Backofen auf der mittleren Schiene etwa 20 Minuten backen.

3. Für den Belag die Schokolade in kleine Stücke brechen oder hacken. Die Sahne erhitzen, die Schokolade darin unter Rühren auflösen. Die Mischung abkühlen lassen, abdecken und mindestens 4 Stunden kalt stellen.

4. Den fertigen Schokoladenboden aus dem Backofen nehmen, kurz abkühlen lassen und auf ein Kuchengitter stürzen. Das Backpapier abziehen und den Boden völlig auskühlen lassen.

5. Den Kuchen auf eine Platte legen. Die Schoko-Sahne-Mischung steif schlagen, dabei das Sahnesteif einrieseln lassen. Die Schokosahne gleichmäßig auf dem Kuchen verstreichen. Den Kuchen 60 Minuten kalt stellen, danach in längliche Rechtecke schneiden und mit den Schokoladenraspeln bestreuen.

Vorbereitungstipps

Der Boden für die Schokoladenschnitten lässt sich gut vorbereiten. In Folie verpackt und an einem kühlen Ort gelagert bleibt der Kuchen ein bis zwei Tage frisch. Schmelzen Sie die Schokolade am Abend in der Sahne und stellen Sie die Mischung über Nacht abgedeckt in den Kühlschrank. So ist der Kuchen am nächsten Tag schnell fertig.

Variante

Wenn Ihre Familie mal Lust auf Stracciatellaschnitten hat – kein Problem. Bereiten Sie für die nächste große Kaffeerunde anstelle der Schokoladensahne folgende Sahnemischung zu: In einer großen Rührschüssel 4 Becher (800 Gramm) Sahne steif schlagen. Dabei 1 Päckchen Vanillezucker, 3 Esslöffel Zucker und 3 Esslöffel Sofortgelatine einrieseln lassen. Danach 100 Gramm Schokoladenraspel (Geschmacksrichtung »Zartbitter«) mit einem Teigschaber zügig unterziehen. Die Stracciatellasahne gleichmäßig auf den Schokoladenboden streichen. Den Kuchen etwa 60 Minuten kühl stellen und dann wie angegeben fertig stellen.

Für etwa 24 Stücke

Für den Teig:
- **1 Packung Backmischung Rührteig-Schokoladenkuchen mit Schokoladenstückchen (etwa 400 g)**
- **weitere Zutaten nach Packungsangabe**
- **5 EL Milch oder Wasser**

Für den Belag:
- **200 g Vollmilchschokolade**
- **600 g Sahne**
- **1 Päckchen Sahnesteif**
- **8 EL Schokoladenraspel**

Zubereitungszeit
20 Minuten
Backzeit
20 Minuten
Kühlzeit
5 Stunden

Nicht nur für Schokoholics sind diese Schnitten mit der Extraportion Schokolade unwiderstehlich.

Nougat-Birnen-Kuchen

Für etwa 16 Stücke

- 100 g Nougatrohmasse
- Milch nach Packungsangabe
- 1 Packung Backmischung für Rührteig (etwa 400 g)
- weitere Zutaten nach Packungsangabe
- 1 feste Birne (etwa 200 g)

Außerdem:
- Fett und Mehl
- 50 g Quittengelee
- 1 EL Zitronensaft

Zubereitungszeit
25 Minuten
Backzeit
60–70 Minuten

Eine einfache Rührteig-Backmischung wird hier mit Nougat zu einem zart-luftigen Traum, im Teig versunkene Birnenstückchen sorgen für fruchtige Frische. Glasiert wird der Kuchen mit Quittengelee.

1. Den Backofen auf 180 °C (Umluft 160 °C, Gas Stufe 2–3) vorheizen. Eine Kastenform von etwa 25 Zentimeter Länge fetten und mit Mehl ausstauben.

2. Die Nougatrohmasse in kleine Stücke schneiden. Zusammen mit der auf der Packung der Backmischung angegebenen Milchmenge bei schwacher bis mittlerer Hitze erwärmen, aber nicht kochen lassen, bis die Nougatmasse geschmolzen ist, dabei ständig rühren.

3. Den Teig nach Packungsangabe zusammen mit der Nougatcreme anrühren.

4. Die Birne schälen, vierteln und entkernen. Die Viertel in etwa 1 Zentimeter große Würfel schneiden und vorsichtig unter den Teig mischen.

5. Den Teig in die Form füllen und 10 Minuten länger backen als auf der Packung angegeben (Garprobe machen!).

6. Den fertigen Kuchen 30 Minuten in der Form abkühlen lassen, dann auf ein Kuchengitter stürzen und vollständig auskühlen lassen. Den Kuchen umdrehen. Quittengelee mit Zitronensaft erwärmen, den Kuchen damit bestreichen.

Gewürzguglhupf mit Bananen

Für etwa 18 Stücke

Für den Teig:
- 2 reife Bananen
- Milch nach Packungsangabe
- 1 Packung Backmischung Gewürzkuchen mit Glasur (etwa 525 g)
- weitere Zutaten nach Packungsangabe
- 100 g Walnusskerne

Außerdem:
- Butter und Mehl für die Form
- 250 g Geleebananen

Zubereitungszeit
20 Minuten
Backzeit
50–60 Minuten

Die witzige Dekoration mit Geleebananen verführt zum Anbeißen, und die Zutatenkombination schmeckt garantiert nicht nur Kindern: eine Gewürzkuchenmischung, verfeinert mit Bananenpüree und gehackten Walnüssen.

1. Den Backofen auf 170 °C (Umluft 150 °C, Gas Stufe 2) vorheizen. Eine Guglhupfform von 2 bis 2,5 Liter Inhalt fetten und mit Mehl ausstauben.

2. Die Bananen schälen, in Stücke brechen und zusammen mit der Milch (50 Milliliter weniger als auf der Packung angegeben) pürieren. Die Backmischung und die restlichen Zutaten hinzufügen und alles nach Packungsangabe zu einem glatten Teig verarbeiten.

3. Die Walnusskerne grob hacken und unter den Teig rühren. Diesen gleichmäßig in der Form verteilen und im Backofen auf der untersten Schiene 50 bis 60 Minuten backen.

4. Den fertigen Kuchen aus dem Backofen nehmen und 10 Minuten in der Form ruhen lassen. Den Kuchen auf ein Kuchengitter stürzen und vollständig auskühlen lassen.

5. Die Glasur nach Packungsangabe zubereiten. Vorsichtig oben auf dem Kuchen verteilen, so dass er etwas nach unten läuft, die Seiten aber nicht vollständig bedeckt sind. Die Geleebananen mit der Rundung nach oben auf dem Kuchen anordnen.

Tipp
Wenn Sie keine Guglhupfform haben, nehmen Sie den Kranzeinsatz einer 28 Zentimeter großen Springform.

Nusskuchen mit Smarties

Das ist sicher: Dieser Kuchen wird der Renner bei Ihren Kindern. Denn welches Kind liebt sie nicht, die bunten Schokolinsen? Gefüllt und bestrichen wird der Kuchen mit Nuss-Nougat-Creme.

1. Den Backofen auf 180 °C (Umluft 160 °C, Gas Stufe 2–3) vorheizen. Eine Kastenform von 25 Zentimeter Länge fetten und mit Mehl ausstauben.

2. Den Teig nach Packungsangabe zubereiten, in die Form füllen und wie beschrieben 60 Minuten backen.

3. Den fertigen Kuchen aus dem Backofen nehmen, etwas auskühlen lassen und lauwarm auf ein Kuchengitter stürzen.

4. Den Kuchen wieder umdrehen und einmal quer durchschneiden. Die untere Hälfte auf eine Platte legen, mit einem Drittel der Nuss-Nougat-Creme bestreichen. Die obere Kuchenhälfte darauf setzen und den Kuchen rundum mit der restlichen Creme bestreichen.

5. Die Smarties an die Seiten und auf die Oberfläche kleben, so dass Reihen für die Scheiben entstehen. Zwischen den Reihen etwas Platz zum Durchschneiden frei lassen.

Tipp

Füllung und Dekoration eignen sich natürlich auch für andere Backmischungen. Selbst einen fertig gekauften Kastenkuchen können sie auf diese Weise kindgerecht aufpeppen.

Für etwa 16 Stücke

- **1 Packung Backmischung für Nusskuchen (etwa 410 g)**
- **weitere Zutaten nach Packungsangabe**
- **200 g Nuss-Nougat-Creme**
- **150 g Smarties**

Außerdem:

- **Fett und Mehl für die Form**

Zubereitungszeit
20 Minuten
Backzeit
60 Minuten

Der Nusskuchen mit Smarties ist wunderbar schokoladig.

Sahniger Apfel-Quark-Hügel

Für etwa 16 Stücke

Für den Teig:
- **1 Packung Rührteigmischung für Nusskuchen (400 g)**
- **weitere Zutaten nach Packungsangabe**
- **1 TL gemahlener Zimt**

Für die Füllung:
- **250 g Apfelkompott (aus dem Glas)**
- **5 1/2 EL Sofortgelatine**
- **350 g Magerquark**
- **2 EL Zucker**
- **1 Päckchen Vanillezucker**
- **1/2 TL gemahlener Zimt**
- **3 aromatische Äpfel (ca. 450 g)**
- **4 EL Zitronensaft**
- **400 g Sahne**

Zubereitungszeit
45 Minuten
Backzeit
40 Minuten
Kühlzeit
mindestens 3 Stunden

Eine echte Trendtorte: Auf den Nussboden kommen Apfelkompott, eine Apfel-Quark-Sahne-Mischung und zu guter Letzt köstliche Kuchenkrümel.

Wenn Sie auf der Suche nach einem besonderen Apfelkuchenrezept sind, müssen Sie unbedingt dieses hier probieren. Er schmeckt sahnig-frisch und wird sicher der Hit bei Ihrer nächsten Einladung – schließlich liegen Hügelkuchen voll im Trend.

1. Den Backofen auf 200 °C (Umluft 180 °C, Gas Stufe 3–4) vorheizen. Den Boden einer Springform von 26 Zentimeter Durchmesser mit Backpapier auslegen.

2. Den Teig nach Packungsangabe anrühren, den Zimt unterrühren. Den Teig in die vorbereitete Springform füllen und darin glatt streichen. Den Kuchen im Backofen auf der mittleren Schiene 40 Minuten backen.

3. Den fertigen Nusskuchen aus dem Backofen nehmen und kurz auskühlen lassen. Dann den Springformrand vorsichtig lösen, den Kuchen kopfüber auf ein Kuchengitter stürzen. Das Backpapier langsam abziehen und den Kuchen auskühlen lassen.

4. Den Kuchen wieder umdrehen, auf eine Platte setzen und mit einem spitzen Löffel etwa 1 Zentimeter tief aushöhlen. Dabei einen etwa 2 Zentimeter starken Rand stehen lassen.

5. Die ausgelösten Kuchenstückchen mit den Fingern zu Krümeln verarbeiten und beiseite stellen.

6. Das Apfelkompott mit 1/2 Esslöffel Sofortgelatine verrühren und gleichmäßig auf der ausgehöhlten Fläche des Kuchens verteilen. Quark, Zucker, Vanillezucker und Zimt in eine Rührschüssel geben und alles mit den Quirlen des Handrührers oder einem Schneebesen gut verrühren.

7. Die Äpfel schälen und grob raspeln, sofort mit Zitronensaft beträufeln und darin wenden. Unter den Quark rühren. Die Sahne steif schlagen und unter die Quarkmischung heben – dabei 5 Esslöffel Sofortgelatine einrieseln lassen und alles nochmals gut verrühren.

8. Die Masse auf den Kuchen geben und mit einer Palette oder einem großen Messer zu einem Hügel formen. Die Kuchenkrümel darauf verteilen und vorsichtig andrücken. (Eventuell übrige Krümel können von den Kindern gleich gegessen werden.) Den Kuchen mindestens 3 Stunden kalt stellen.

Küchentipp
Der Kuchen lässt sich besser aushöhlen, wenn er etwas fester geworden ist. Deshalb den Rührkuchen möglichst am Vortag backen und ihn über Nacht ruhen lassen.

Variante
Wenn Sie den Nusskuchen lieber nach eigenem Rezept backen wollen, versuchen Sie es wie folgt: Den Backofen auf 200 °C (Umluft 180 °C, Gas Stufe 3–4) vorheizen. Rund 175 Gramm Margarine oder Butter cremig rühren. Etwa 150 Gramm Zucker und 5 Eier der Größe M hinzufügen und die Masse weiter rühren, bis sie deutlich heller und schaumig ist. Eine Prise Jodsalz und 150 Gramm gemahlene Haselnüsse unter die Schaummasse rühren. Ein Tipp: Frisch gemahlen ist das Aroma der Haselnüsse deutlich besser. Schließlich 200 Gramm Weizenmehl, gern auch Vollkornmehl, 1 1/2 Teelöffel Backpulver und 1 Teelöffel Zimt unterrühren. Bis zu 4 Esslöffel Milch dazugeben und unterrühren. Den Boden einer Springform von 26 Zentimeter Durchmesser mit Backpapier auslegen. Den Teig einfüllen, glatt streichen und im Backofen auf der mittleren Schiene etwa 55 Minuten backen.

Exotischer Obstkuchen auf roter Grütze

Für 12 Stücke

- **1 Päckchen rote Grütze (zum Kochen mit 1/2 l Flüssigkeit)**
- **1/2 l Orangensaft**
- **6 EL Zucker**
- **1 Biskuit-Tortenboden mit Rand (250 g)**
- **1 kleine reife Mango**
- **2 Kiwis**
- **12 Physalis (Kapstachelbeeren)**

Zubereitungszeit
20 Minuten
Kühlzeit
1 Stunde 30 Minuten

Der exotische Obstkuchen auf roter Grütze ist etwas für Naschkatzen.

Obstkuchen können auch im Winter mit frischen Zutaten glänzen – Südfrüchte wie Mangos, Kiwis und Physalis sorgen für einen saftigen Vitamincocktail. Damit es ganz schnell geht, bildet ein fertig gekaufter Boden die Grundlage.

1. Die rote Grütze nach Packungsangabe mit Orangensaft und Zucker zubereiten, auf den Biskuit-Tortenboden gießen und gleichmäßig verteilen.

2. Die Mango schälen und das Fruchtfleisch mit einem scharfen Messer in zwei Hälften vom Stein schneiden. Jede Hälfte in 6 Spalten schneiden. Die Mangospalten in der Mitte des Kuchens sternförmig auf die noch warme Grütze legen und dabei etwas hineindrücken.

3. Die Kiwis schälen, jeweils in 6 Spalten schneiden, mit der Rundung nach oben zwischen den Mangospalten anordnen und ebenfalls etwas eindrücken. Die Blätter der Physalis leicht auseinander klappen. Die Früchte am Rand der Torte zur Markierung der Stücke anordnen.

4. Die Grütze noch etwa 30 Minuten auskühlen lassen, dann den Kuchen mindestens 60 Minuten kalt stellen.

Warenkunde
Physalis, auch Kapstachelbeeren genannt, gibt es in vielen Supermärkten abgepackt zu kaufen. Die süßlichen Früchte mit der dezenten Säure sehen nicht nur attraktiv aus, sie schmecken auch den meisten Kindern. Und das Essen bereitet großen Spaß: Die Blätter werden einfach nach außen geklappt, und die Frucht wird mit einem Happ abgebissen.

Kleine Kirschstrudel

Mit fertigem Blätterteig aus der Tiefkühltruhe sind diese kleinen Strudel im Nu zubereitet. Weil es immer Gerangel um die knusprigen Endstücke gibt – dieses Rezept liefert gleich sechs davon.

1. Die Blätterteigplatten nebeneinander legen und auftauen lassen. Den Backofen auf 200 °C (Umluft 180 °C, Gas Stufe 3–4) vorheizen. Ein Backblech mit Backpapier auslegen. Die Kirschen in einem Sieb abtropfen lassen.

2. Quark, Vanillezucker, Zucker und Ei verrühren. Die Walnusskerne hacken, die Kirschen halbieren und beides unter den Quark rühren.

3. Arbeitsfläche mit etwas Mehl bestauben. Jeweils 2 Teigplatten so aneinander legen, dass sie sich an den Längsseiten leicht überlappen, und zu einem 20 x 25 Zentimeter großen Rechteck ausrollen.

4. Auf jedes Rechteck ein Drittel der Füllung gleichmäßig verstreichen, dabei rundherum einen etwa 1,5 Zentimeter breiten Rand frei lassen. Die Schmalseiten der Teigplatten über die Füllung klappen, dann den Teig von einer Längsseite beginnend zu einem Strudel aufrollen.

5. Die Strudel in ausreichendem Abstand mit der Naht nach unten auf das Backblech legen. Jeden Strudel diagonal viermal leicht einschneiden, es soll nur die oberste Teigschicht durchtrennt sein. Die Strudel im Backofen auf der mittleren Schiene in 30 Minuten goldbraun backen. Lauwarm oder kalt servieren.

Varianten

Für einen klassischen Apfel-Topfenstrudel die Kirschen durch 2 Äpfel ersetzen. Diese in dünne Scheiben schneiden. Nach Geschmack noch 1 bis 2 Esslöffel Sultaninen dazugeben.
Statt Walnusskernen sollten Sie auch einmal geröstete Mandelstifte oder Pinienkerne versuchen.

Für etwa 15 Stücke

- **450 g Tiefkühl-Blätterteig (6 rechteckige Platten)**
- **1 kleines Glas entsteinte Schattenmorellen (175 g Abtropfgewicht)**
- **400 g Magerquark**
- **2 Päckchen Vanillezucker**
- **70 g Zucker**
- **1 Ei (Größe M)**
- **50 g Walnusskerne**

Außerdem:

- **Mehl für die Arbeitsfläche**

Zubereitungszeit
25 Minuten

Auftauzeit
20–30 Minuten

Backzeit
30 Minuten

Mit Tiefkühl-Blätterteig sind die saftig gefüllten Strudel schnell fertig.

Apfel-Quark-Calzone

Für etwa 6 Stücke

- **250 g Magerquark**
- **1 Ei (Größe M)**
- **50 g Zucker**
- **2 Äpfel**
- **50 g Sultaninen**
- **50 g Mandelstifte**
- **1 runder backfertiger Blätterteigboden aus dem Kühlregal (230 g)**

Zubereitungszeit
15 Minuten
Backzeit
25 Minuten

Von außen sieht sie aus wie ihre berühmte Namensgeberin, die Pizza Calzone. Wenn Sie sie aber anschneiden, entdecken Sie ein süßes Innenleben. Genießen Sie die Calzone lauwarm mit Vanillesauce oder kalt zu einer starken Tasse Kaffee.

1. Den Backofen auf 200 °C (Umluft 180 °C, Gas Stufe 3–4) vorheizen. Den Quark, das Ei und den Zucker in einer Schüssel verrühren.

2. Die Äpfel schälen, vierteln und entkernen. Die Viertel einmal längs durchschneiden, dann quer in sehr dünne Scheiben schneiden. Sofort unter die Quarkmischung rühren. Sultaninen und Mandeln unterheben.

3. Den Teig mit dem in der Packung enthaltenen Backpapier auseinander rollen und auf ein Backblech legen. Die Füllung auf einer Hälfte des Teiges verteilen, dabei einen etwa 2 Zentimeter breiten Rand frei lassen. Die unbelegte Teighälfte über die Füllung klappen, dabei den unteren Teigrand ein wenig überstehen lassen. Diesen dann über den oberen Teigrand falten und mit einer Gabel leicht andrücken. Das überstehende Backpapier abschneiden.

4. Die Calzone im Backofen auf der mittleren Schiene in 25 Minuten goldbraun backen. Die fertige Calzone aus dem Backofen nehmen und am besten lauwarm servieren.

Serviervorschlag
Die Calzone schmeckt wie Apfelstrudel zusammen mit Vanillesauce, Vanilleeis oder Schlagsahne.

Einkaufstipp
Wenn Sie keinen runden Blätterteig erhalten, können Sie auch eckigen kaufen. Diesen dann auf einer Seite halbrund zuschneiden und auf der anderen Seite die abgeschnittenen Teigstücke ansetzen, so dass ein Kreis entsteht. Die Nähte mit einer Kuchenrolle etwas andrücken.

Für die Apfel-Quark-Calzone eignen sich am besten Sorten wie Boskop, Ingrid Marie oder Idared.

Zitronenecken mit Mascarpone-Kirsch-Füllung

Diese erfrischenden Küchlein sind blitzschnell fertig. Der Teig wird aus einer Backmischung angerührt, und auch die fruchtige Füllung ist rasch gemacht – aus fertig gekaufter Kirschzubereitung und Mascarpone.

1. Den Backofen auf 200 °C (Umluft 180 °C, Gas Stufe 3–4) vorheizen. Ein Backblech gründlich fetten.

2. Den Teig nach Packungsangabe anrühren, auf dem Backblech verstreichen und im Backofen auf der mittleren Schiene gut 10 Minuten backen, dann herausnehmen und auf dem Backblech abkühlen lassen.

3. Mascarpone und Kirschgrütze bzw. Tortenbelag Kirsch mit dem Speisebinder verrühren und 10 Minuten ruhen lassen.

4. Die Kuchenplatte auf dem Blech vierteln. Ein Viertel vorsichtig auf ein Brett heben, mit der Hälfte der Mascarponecreme bestreichen, mit einem zweiten Teigviertel abdecken. Das dritte Teigviertel ebenfalls mit Creme bestreichen und das letzte Teigviertel darauf setzen.

5. Die beiden Kuchenstücke wieder vierteln, jedes Viertel diagonal halbieren – es entstehen insgesamt 16 Dreiecke.

6. Die Zitronenglasur aus der Packung anrühren und mit Speisefarbe tönen. Die Glasur in feinen Linien über die Kuchenecken träufeln.

Die Zitronenecken mit Mascarpone-Kirsch-Füllung sind ein fruchtig-frischer Genuss.

Für 16 Stück

- **1 Packung Backmischung Zitronenkuchen mit Glasur (485 g)**
- **weitere Zutaten nach Packungsangabe**
- **250 g Mascarpone**
- **500 g Kirschgrütze oder Tortenbelag Kirsch (Becher oder Glas)**
- **3 EL Speisebinder ohne Kochen**
- **etwas rote Speisefarbe**

Außerdem:

- **Fett für das Blech**

Zubereitungszeit
30 Minuten
Backzeit
10 Minuten

Backe, backe Kuchen – Kinder als Bäcker

Jetzt heißt es für die Kleinen ran an das Backbuch und den Ofen. Auch wenn es nicht ganz ohne die Hilfe der Großen geht – hier können die Kinder ihr Können unter Beweis stellen. Alle Rezepte in diesem Kapitel sind ausführlich beschrieben und einfach nachzubacken. Und wenn dann Johannisbeertörtchen, Wichtelmann-Amerikaner, Cornflakes-Waffeln oder ein Vanille-Muttertagsherz auf den Tisch kommen, sind nicht nur die Kinder mächtig stolz.

Himbeer-Dinkel-Muffins

Ab 8 Jahren

Das brauchst du für 12 Stück

- **140 g Butter**
- **400 g Dinkelvollkornmehl**
- **2 TL Backpulver**
- **1 Prise Jodsalz**
- **120 g brauner Zucker**
- **180 g Himbeeren (frisch oder tiefgekühlt)**
- **2 Eier (Größe M)**
- **1/4 l Milch**
- **Butter für die Form**

So viel Zeit brauchst du:
30 Minuten
So lang ist die Backzeit:
25–30 Minuten

Bild unten: Himbeer-Dinkel-Muffins

Diese Muffins sind wirklich kinderleicht zu backen und schmecken superfruchtig. Und sie sind schwer in! Probier das Rezept doch mal zusammen mit ein paar Freunden aus. Ihr werdet riesig Spaß haben.

1. Lies das ganze Rezept durch und stelle alle Zutaten bereit.

2. Heize den Backofen auf 200 °C (180 °C Umluft, Gas Stufe 3–4) vor, schiebe den Ofenrost auf der mittleren Schiene in den Backofen. Gib die Butter in einen kleinen Topf und lass sie bei schwacher Hitze auf dem Herd schmelzen. Schalte die Herdplatte sofort wieder aus und stelle die Butter zum Abkühlen beiseite.

3. Gib Mehl, Backpulver, Salz, Zucker und Himbeeren in eine Schüssel und mische alles mit einem Esslöffel. Drücke eine Mulde hinein.

4. Schlage die Eier einzeln in eine kleine Schüssel auf und verquirle sie darin mit der Milch – benutze dafür am besten einen Schneebesen. Gieße die Eiermilch und die geschmolzene Butter in die Mulde im Mehl und verrühre alles mit einem Esslöffel zu einem Teig. Er muss nicht ganz glatt sein, darf also ruhig etwas klumpig aussehen.

5. Nimm etwas weiche Butter auf einen Backpinsel und streiche die einzelnen Förmchen (12 Stück) eines Muffinblechs sorgfältig damit aus. Verteile den Teig mit einem Löffel in die Förmchen und stelle das Muffinblech auf den Rost in den Backofen.

6. Stelle auf dem Küchenwecker 25 Minuten ein. Wenn er klingelt, sind die Muffins fertig. Sehen sie allerdings noch nicht schön braun aus, dann lass sie noch weitere 5 Minuten im Backofen.

Törtchen mit Johannisbeeren

Die Törtchen werden in essbaren Förmchen gebacken. Du kannst fast alle Zutaten mit einem kleinen Joghurtbecher (150-Gramm-Becher) abmessen. Wenn du lieber die Waage nimmst: Die Grammangaben findest du in der Klammer hinter der Zutat.

Ab 10 Jahren

Das brauchst du für 12 Stück

- **1/2 Paket (125 g) weiche Butter**
- **1 Becher Zucker (140 g)**
- **1 Prise Jodsalz**
- **2 Eier**
- **2 Becher Mehl (180 g)**
- **1 TL Natron**
- **1 Becher rote Johannisbeeren (frisch oder tiefgekühlt, ca. 100 g)**

Außerdem:

- **12 kleine essbare Kuchenförmchen (Backförmchen aus Waffelteig; 35 g)**

So viel Zeit brauchst du:
25 Minuten

So lang ist die Backzeit:
25 Minuten

1. Lies das ganze Rezept und den Tipp durch und stelle alle Zutaten bereit.

2. Heize den Backofen auf 200 °C (Umluft 180 °C, Gas Stufe 3–4) vor. Stelle die Förmchen auf ein Backblech.

3. Gib die Butter in eine kleine Rührschüssel und rühre sie mit den Quirlen des elektrischen Handrührers auf Stufe 2 cremig. Gib den Zucker und das Salz hinzu und rühre die Masse noch eine Weile weiter.

4. Schlage die Eier einzeln in eine Tasse auf und gib sie ebenfalls in die Rührschüssel. Schlage alles mit den Quirlen des elektrischen Handrührers zuerst auf Stufe 1, dann auf Stufe 3 schaumig. Vermische Mehl und Natron und rühre es unter die Eiercreme.

5. Mische die Beeren mit einer großen Gabel vorsichtig unter den Teig und verteile diesen mit einem Esslöffel gleichmäßig in die essbaren Förmchen.

6. Schiebe das Backblech mit den Förmchen auf der mittleren Schiene in den Backofen. Stelle auf einem Küchenwecker 25 Minuten ein. Wenn er klingelt, sind die Törtchen vielleicht schon fertig. Bitte einen Großen, den Backofen zu öffnen und mit einem Holzspieß in ein Törtchen zu stechen. Klebt noch Teig am wieder herausgezogenen Spieß, müssen die Törtchen noch einige Minuten im Backofen bleiben. Wiederhole diesen Test nach 5 Minuten.

Küchentipp

Solltest du keine essbaren Förmchen bekommen, nimm einfach welche aus Papier oder fülle den Teig in ein Muffinblech. Die Muffinförmchen musst du vorher unbedingt mit weicher Butter ausstreichen.

Kochen lernen

Natron ist eine ähnliche Zutat wie Backpulver. Es sorgt dafür, dass die Törtchen gut aufgehen.

Wenn du Papierförmchen verwendest, stelle am besten zwei Förmchen ineinander, damit die Törtchen stabil stehen.

Knusprige Bananenmuffins

Ab 10 Jahren

Das brauchst du für 12 Stück

- **90 g Butter oder Margarine**
- **250 g Mehl**
- **3 TL Backpulver**
- **1 Prise Jodsalz**
- **6 EL Zucker**
- **6 EL Haselnusskrokant**
- **2 reife geschälte Bananen (ca. 200 g)**
- **2 EL Zitronensaft**
- **2 kleine Eier**
- **5 EL Milch**

Außerdem:

- **etwas weiche Butter oder Margarine für die Form**

So viel Zeit brauchst du:
30 Minuten

So lang ist die Backzeit:
25–30 Minuten

Noch lauwarm schmecken die knusprigen Bananenmuffins am besten.

Winterzeit ist Bananenzeit! Warum also nicht mal etwas mit Bananen backen, wenn das Wetter schlecht ist und Langeweile aufkommt. Die Bananen sollten reif, aber noch nicht braun sein.

1. Lies das ganze Rezept und die Tipps durch und stelle alle Zutaten bereit.

2. Heize den Backofen auf 200 °C (Umluft 180 °C, Gas Stufe 3–4) vor. Schiebe den Ofenrost auf der mittleren Schiene in den Backofen. Gib die Butter oder Margarine in einen kleinen Topf und lass sie bei schwacher Hitze auf dem Herd schmelzen. Schalte die Herdplatte ab und stelle das Fett zum Abkühlen beiseite – es soll aber nicht wieder fest werden.

3. Gib Mehl, Backpulver, Salz, Zucker und Haselnusskrokant in eine Rührschüssel und mische alles mit einem Esslöffel. Drücke mit dem Esslöffel eine Mulde in diese Mischung.

4. Schneide die Bananen mit einem kleinen Messer in Stücke und gib sie mit dem Zitronensaft in eine schmale, hohe Rührschüssel. Nimm einen Pürierstab und püriere alles zu feinem Mus. Lass dir dabei von einem Großen helfen!

5. Schlage die Eier einzeln in eine kleine Schüssel auf und verquirle sie darin mit der Milch – benutze dafür am besten einen Schneebesen. Gib das Bananenmus hinzu und verrühre alles gut miteinander.

6. Gieße die Bananenmilch und die geschmolzene Butter oder Margarine in die Mehlmulde und verrühre alles mit einem Esslöffel zu einem Teig.

7. Nimm etwas weiche Butter oder Margarine auf einen Backpinsel und streiche die einzelnen Förmchen (12 Stück) eines Muffinbleches sorgfältig damit aus. Verteile den Teig mit einem Löffel in die Förmchen. Stelle das Muffinblech auf den Rost im Backofen und stelle auf dem Küchenwecker 25 Minuten ein.

8. Wenn der Küchenwecker klingelt, sind die Muffins vielleicht schon fertig. Bitte einen Großen, den Backofen zu öffnen und mit einem Holzspieß in einen Muffin zu stechen. Klebt noch Teig am wieder herausgezogenen Spieß, dann müssen die Muffins noch weitere 5 Minuten im Backofen bleiben.

Verziertipp

Stelle eine Tüte Schokoladenglasur in heißes Wasser oder in die Mikrowelle und lasse die Glasur schmelzen, so, wie es auf der Packung steht. Wenn die Glasur geschmolzen ist, schneide eine kleine Ecke von einer Seite der Tüte ab. Spritze etwas Schokoladenglasur nach Lust und Laune über die Bananenmuffins.

Aufräumen gehört dazu

Du hast es geschafft, die Muffins sind im Ofen, sie gehen auf, und schon fängt es an, herrlich zu duften. In der Küche sieht es allerdings noch wüst aus. Mach dich besser gleich ans Aufräumen. Sind die Muffins erst einmal fertig, hast du doch keine rechte Lust mehr dazu. Stell übrige Zutaten zurück in den Schrank bzw. in den Kühlschrank. Wirf die Bananen- und Eierschalen in den Kompostmüll. Wasch die Rührwerkzeuge, Backpinsel und Schüsseln ab, eventuell kann einiges davon auch im Geschirrspüler verschwinden. Nun noch mit einem feuchten Tuch über die Arbeitsplatte wischen – fertig. Nach getaner Arbeit schmecken die Muffins noch besser. Die Backform sollte später lieber ein Großer abwaschen, da die Beschichtung leicht zerkratzen kann.

Backspaß mit Hermann

Hermann – der Grundansatz
Ab 8 Jahren

Für den 1. Tag:
- 1/2 Zitrone
- 100 g Buttermilch (1/2 Tasse)
- 3 EL Mehl

Für den 2. Tag:
- 120 g Mehl (1 Tasse)
- 100 g Zucker (1/2 Tasse)
- 200 ml Milch (1 Tasse)

Für den 5. und 10. Tag jeweils:
- 120 g Mehl (1 Tasse)
- 100 g Zucker (1/2 Tasse)
- 200 ml Milch (1 Tasse)

So viel Zeit brauchst du:
25 Minuten
Ruhezeit:
10 Tage

Hermann – die Pflege der Kinder

Für den 5. und 10. Tag jeweils:
- 120 g Mehl (1 Tasse)
- 100 g Zucker (1/2 Tasse)
- 200 ml Milch (1 Tasse)

So viel Zeit brauchst du:
10 Minuten
Ruhezeit:
10 Tage

Hermann ist ein Grundteig, der fleißig gerührt und gefüttert werden muss. Nach 10 Tagen kannst du aus einem Teil des Teiges einen Kuchen backen, einen weiteren behalten und zusätzlich ein Hermann-Kind mit Pflegerezept an einen Freund verschenken.

Hermann – der Grundansatz

1. Lies das ganze Rezept und die Tipps durch und stelle die Zutaten bereit.

2. Stelle eine kleine Kunststoffschüssel mit Deckel bereit. Presse den Saft der Zitrone aus und gieße ihn in die Schüssel, gib die Buttermilch und das Mehl dazu. Verrühre alles gründlich mit einem Schneebesen. Lege den Deckel so auf die Schüssel, dass noch eine kleine Öffnung bleibt. Lass den Hermann bei Zimmertemperatur über Nacht stehen.

3. Am 2. Tag gibst du Mehl, Zucker und Milch zum Hermann und rührst mit einem Schneebesen um. Lass Hermann leicht abgedeckt bei Zimmertemperatur stehen.

4. Am 3. und 4. Tag musst du Hermann nur ein bisschen umrühren. Die Schüssel niemals ganz zudecken, denn Hermann braucht Luft.

5. Am 5. Tag hat Hermann Hunger. Fülle ihn zuerst in eine größere Schüssel. Rühre Mehl, Zucker und Milch mit einem Schneebesen unter den Teig. Lege wieder einen Deckel auf die Schüssel, lass eine kleine Öffnung frei.

6. Vom 6. bis zum 9. Tag braucht Hermann wieder Ruhe bei Zimmertemperatur. Rühre den Teig einmal am Tag mit einem Löffel um.

7. Am 10. Tag wird es spannend. Füttere Hermann nochmals mit Mehl, Zucker und Milch und verrühre alles gründlich. Bei diesem Grundansatz erhältst du am 10. Tag vier Tassen Teig, also vier Kinder – später sind es immer nur noch drei Kinder. Wenn du immer ein Hermann-Kind behältst, brauchst du diesen Grundansatz nicht mehr zu machen.

Hermann – die Pflege der Kinder

1. Das Hermann-Kind braucht vom 1. bis 4. Tag lediglich ein bisschen Bewegung, deshalb nur einmal am Tag umrühren, die Schüssel nie ganz abdecken.

2. Ab dem 5. Tag pflegst und fütterst du Hermann, wie beim Grundansatz ab Punkt 5 beschrieben.

3. Am 10. Tag wird es spannend. Füttere Hermann nochmals und verrühre alles gründlich. Nun hast du drei Tassen Teig, also drei Kinder von deinem Hermann. Zwei Kinder kannst du jeweils in ein kleines Kunststoffgefäß mit Deckel geben. Verschenke eines und behalte eines zur weiteren Pflege. Aus dem dritten Kind kannst du nun einen Kuchen backen.

Ruhepause für Hermann

Wenn du in den Urlaub fährst oder mal eine längere Backpause einlegen möchtest, kannst du Hermann einfrieren. Dazu ein frisches Hermann-Kind in den Kälteschlaf schicken. Nach dem Auftauen kannst du mit ihm umgehen, wie vom 1. Tag an im Pflegerezept beschrieben.

Leckerer Hermann-Kuchen am 10. Tag

Verrühre ein Hermann-Kind (1 Tasse) mit 250 Gramm (2 Tassen) Mehl, 2 Teelöffel Backpulver, 200 Gramm (1 Tasse) Zucker, 1 Päckchen Vanillezucker, 200 Milliliter (1 Tasse) Öl und 3 Eiern (Größe M) zu einem glatten Teig. Würze ihn nach Belieben mit gemahlenem Zimt oder rühre getrocknete Früchte, gemahlene Nüsse, Mandeln oder Schokolade unter den Teig. Gib den Teig in eine gefettete und mit Mehl ausgestaubte Spring- oder Kastenform und backe ihn im vorgeheizten Backofen bei 180 °C (Umluft 160 °C, Gas Stufe 2–3) 50 Minuten (Springform) bis zu 70 Minuten (Kastenform).

Hermann-Indianerkuchen mit Waffelzelten

Aus Hermann kannst du auch einen großen Blechkuchen backen – allerdings benötigst du dafür zwei Hermann-Kinder. Wenn du schon viele Freunde beschenkt hast, bist du vielleicht ganz froh, wenn du einmal kein Kind abgeben musst.

Ab 10 Jahren
Für 20 Stück

- 2 Hermann-Kinder
- 360 g Mehl (3 Tassen)
- 1 Päckchen Backpulver
- 300 g Zucker (1 1/2 Tassen)
- 1 Prise Salz
- 1 TL gemahlener Zimt
- 300 ml Öl (1 1/2 Tassen)
- 4 Eier (Größe M)
- 3 Äpfel
- 10 Eiswaffeltüten
- 30 Kekssticks

So viel Zeit brauchst du:
40 Minuten
So lang ist die Backzeit:
40 Minuten

1. Lies das ganze Rezept durch und stelle alle Zutaten bereit.

2. Heize den Backofen auf 180 °C (Umluft 160 °C, Gas Stufe 2–3) vor. Lege ein Backblech mit einem passenden Stück Backpapier aus, so dass auch die Ränder hoch gezogen sind.

3. Gib die zwei Hermann-Kinder in eine Rührschüssel. Füge Mehl, Backpulver, Zucker, Salz und gemahlenen Zimt dazu. Gieße das Öl darüber. Schlage die Eier einzeln in eine Tasse auf und gib sie in die Schüssel. Verrühre alle Zutaten gründlich mit den Quirlen des elektrischen Handrührers zuerst auf Stufe 1, dann auf Stufe 2. Gieße den Teig auf das vorbereitete Blech und verteile ihn mit einem Teigschaber gleichmäßig darauf.

4. Schäle die Äpfel und stich die Kerngehäuse mit einem Apfelausstecher heraus. Schneide jeden Apfel in etwa 1 Zentimeter dicke Scheiben. Verteile die Apfelringe gleichmäßig auf dem Teig und drücke sie etwas an.

5. Schiebe das Backblech auf der mittleren Schiene in den Backofen. Stelle auf einem Küchenwecker 40 Minuten ein. Wenn der Wecker klingelt, nimm das Blech mit Topflappen aus dem Backofen und lass den Kuchen auf dem Blech auskühlen.

6. Brich von den Waffeltüten die Spitzen ab. Setze die Tüten mit der Spitze nach oben auf die größeren Apfelringe. Stecke jeweils 3 Stäbchen so hinein, dass sie wie Zeltstangen herausstehen.

Bild unten: Hermann-Indianerkuchen mit Waffelzelten

Wichtelmann-Amerikaner

Gewöhnliche Amerikaner mit weißem oder braunem Zuckerguss kennt ihr bestimmt. Hier zeigen sich die beliebten Küchlein in neuem Gewand – vor dem Backen blitzschnell geformt und später lustig verziert.

1. Lies das ganze Rezept und den Tipp durch und stelle alle Zutaten bereit.

2. Heize den Backofen auf 200 °C (Umluft 180 °C, Gas Stufe 3–4) vor. Lege zwei Backbleche mit ausreichend großen Bögen Backpapier aus.

3. Gib die weiche Butter oder Margarine zusammen mit dem Zucker in eine Rührschüssel. Schlage beides mit einem Schneebesen oder den Quirlen des elektrischen Handrührers auf Stufe 1 oder 2 so lange auf, bis die Mischung cremig ist.

4. Schlage die Eier einzeln in eine Tasse auf. Rühre die Eier gründlich unter die Zuckercreme. Mische dann Mehl, Speisestärke, Backpulver und Hirschhornsalz in einer kleinen Schüssel und gib alles zur Zuckercreme. Miss die Milch löffelweise in eine Tasse ab und gieße sie in die Schüssel. Verrühre alles vorsichtig mit dem Schneebesen oder dem Handrührgerät auf Stufe 1, bis ein gleichmäßiger Teig ohne Klumpen entstanden ist.

5. Gib den Teig auf eines der Bleche. Verwende dafür am besten zwei Esslöffel. Für jeden Wichtelmann gib knapp 1 Esslöffel Teig auf eines der Bleche. Lass zwischen den einzelnen Teighäufchen etwas Abstand – sie werden beim Backen größer. Nun verstreiche jedes Teighäufchen mit dem Rücken eines Teelöffels ein wenig, so dass ein gleichmäßiger Kreis entsteht. Ziehe mit dem Löffelrücken an einer Seite des Kreises den Teig ein wenig nach oben, lass den Zipfel spitz und leicht schräg auslaufen – dies soll später die Zipfelmütze werden.

6. Schiebe das fertige Blech auf der mittleren Schiene in den Backofen – lass dir dabei von einem Großen helfen! Stelle einen Küchenwecker auf 13 Minuten ein. Wenn er klingelt, sind die Küchlein fertig. Nimm das Backblech mit Topflappen aus dem Backofen und stelle es auf ein Kuchengitter.

7. Während der Backzeit kannst du aus dem restlichen Teig auf dem zweiten Backblech die Wichtelmänner zubereiten. Schiebe dann das Blech in den Backofen und backe diese Wichtelmänner ebenfalls 13 Minuten. Lass die Küchlein auf dem Blech auskühlen.

8. Nun geht's ans Verzieren. Dafür gib den Puderzucker und den Zitronensaft in eine Schüssel und verrühre beides mit einem kleinen Schneebesen. Der Zuckerguss darf nicht zu flüssig werden, verwende also bitte nicht mehr als 2 Esslöffel Zitronensaft.

9. Zuerst solltest du Augen, Münder und Nasen »malen«. Dafür gib auf jedes Küchlein auf der oberen (runden) Seite mit einem Löffelstiel zwei große und zwei kleine Zuckergusspunkte und einen Strich als Mund. Drücke jeweils ein Mini-Smarties auf die großen Punkte – so werden die Smarties »festgeklebt«.

10. Wenn alle Wichtelmännchen Augen und Nasen haben, gib einige Tropfen rote Speisefarbe zum restlichen Zuckerguss und verrühre alles gründlich, bis der Guss schön rot geworden ist. Den roten Guss streichst du mit einem Backpinsel auf die »Mützen« der Wichtelmänner. Lege die Wichtelmänner nebeneinander, bis der Guss fest geworden ist.

Tipp
Du kannst den Teig mit einem Schneebesen verrühren oder dafür einen elektrischen Handrührer mit Quirlen verwenden.

Ab 10 Jahren

Das brauchst du für 15 Stück

- **70 g weiche Butter oder Margarine**
- **70 g Zucker**
- **2 Eier (Größe S)**
- **125 g Mehl**
- **75 g Speisestärke**
- **1 TL Backpulver**
- **1/2 TL Hirschhornsalz**
- **5 EL Milch**

Zum Verzieren:

- **100 g Puderzucker**
- **2 EL Zitronensaft**
- **Mini-Smarties**
- **rote Speisefarbe**

So viel Zeit brauchst du:
60 Minuten
So lang ist die Backzeit je Blech:
13 Minuten

Die lustig verzierten Wichtelmann-Amerikaner sind auch ein schönes Mitbringsel.

Saftige Apfel-Dinkel-Waffeln

Ab 10 Jahren
Das brauchst du für etwa 10 Stück

Für den Teig:
- 125 g weiche Butter oder Margarine
- 4 Eier (Größe M)
- 4 EL Zucker
- 1 Päckchen Vanillezucker
- 1 EL Zitronensaft
- 4 EL gemahlene Haselnüsse
- 2 EL Schokoladenraspel
- 150 ml Milch
- 200 g Dinkelvollkornmehl
- 2 kleine säuerliche Äpfel (z. B. Cox Orange)

Außerdem:
- Butter oder Margarine für das Waffeleisen
- etwa 250 g Vanillefrischkäse, Vanillequark oder Vanillejoghurt (Fertigprodukt)

So viel Zeit brauchst du:
60 Minuten

Waffeln kommen bei Groß und Klein immer gut an – ganz egal, zu welcher Gelegenheit. Diese hier ergeben zusammen mit einem frischen Obstsalat und etwas Vanillejoghurt auch mal ein süßes Mittagessen.

1. Lies das ganze Rezept durch und stelle alle Zutaten bereit.

2. Rühre das Fett in einer Schüssel mit den Quirlen des elektrischen Handrührers schaumig. Schlage die Eier einzeln in eine Tasse auf und rühre sie mit Zucker und Vanillezucker unter das Fett.

3. Mische schließlich Zitronensaft, Haselnüsse, Schokoladenraspel und Milch unter den Teig. Zum Schluss rührst du noch das Mehl darunter. Lass den Teig etwa 10 Minuten quellen.

4. Schäle die Äpfel mit einem Sparschäler und reibe sie auf einer Küchenreibe in grobe Raspel – lass dir dabei von einem Großen helfen! Mische die Apfelraspel unter den Teig.

5. Heize das Waffeleisen auf – lass dir dabei von einem Großen helfen oder lies zuvor die Gebrauchsanweisung.

6. Nimm etwas Butter oder Margarine auf einen Backpinsel und streiche die beiden Platten des Waffeleisens damit ein.

7. Gib einen Klecks Teig in die Mitte des Waffeleisens – benutze am besten einen Schöpflöffel aus Kunststoff. Schließe das Eisen und backe die Waffel, bis sie goldbraun ist. Das dauert etwa 3 Minuten, hängt aber sehr vom Gerät ab.

8. Nimm die fertige Waffel mit einer Gabel heraus und lege sie auf ein Kuchengitter. Verbacke so den gesamten Teig. Jeder kann seine Waffel in Vanillefrischkäse, -quark oder -joghurt tunken.

Die Apfel-Dinkel-Waffeln schmecken ganz frisch am besten.

Süße Nudelwaffeln

Was esst ihr am allerliebsten? Nudeln! Hier kommen sie auf ganz ungewöhnliche Art auf den Tisch – versteckt in leicht süßlichen Waffeln. So schmecken sie als süßes Mittagessen ebenso wie am Nachmittag zum Kakao.

1. Lies das ganze Rezept durch und stelle alle Zutaten bereit.

2. Bringe etwa 1 Liter Wasser in einem Topf zum Kochen. Gib die Gabelspaghetti und eine Prise Salz hinein. Lass die Nudeln bei mittlerer Hitze kochen. Auf der Nudelpackung steht, wie lange (Kochzeit). Stelle diese Zeit auf einem Küchenwecker ein. Stelle ein Sieb in das Spülbecken. Wenn der Wecker klingelt, schütte die Nudeln in das Sieb – lass dir dabei helfen.

3. Schlage die Eier einzeln in eine Tasse auf und verrühre sie in einer Schüssel mit Puderzucker, Vanillezucker, Milch sowie Mehl und den gekochten Nudeln.

4. Heize das Waffeleisen auf. Verstreiche mit einem Backpinsel etwas Butter auf beiden Seiten des Waffeleisens.

5. Gib 3 bis 4 Esslöffel Teig in das Waffeleisen, verteile ihn ein wenig mit dem Löffelrücken. Backe eine goldbraune Waffel. Das dauert etwa 3 Minuten, hängt aber sehr vom Gerät ab.

6. Nimm die fertige Waffel mit einer Gabel aus dem Eisen und lege sie auf ein Kuchengitter. Fette das Eisen erneut ein. Backe weitere Waffeln, bis der Teig verbraucht ist. Gib den Puderzucker in ein kleines Teesieb und streue ihn über die fertigen Waffeln.

Ab 10 Jahren
Das brauchst du für 4–5 Stück

- **150 g Gabelspaghetti (kleine Hörnchen)**
- **1 Prise Jodsalz**
- **2 Eier (Größe M)**
- **1 EL Puderzucker**
- **1 Päckchen Vanillezucker**
- **100 ml Milch**
- **5 EL Mehl**

Außerdem:
- **Butter für das Waffeleisen**
- **1 EL Puderzucker zum Bestauben**

So viel Zeit brauchst du:
40 Minuten

Cornflakes-Waffeln

Sind sie sonst meist als Knusperfrühstück beliebt, werden die goldgelben Cornflakes hier zu feinen Waffeln verbacken. Die sind nur leicht gesüßt und gelingen schnell und denkbar einfach.

1. Lies das ganze Rezept durch und stelle alle Zutaten bereit.

2. Gib die Cornflakes in eine Schüssel und zerbrösel sie mit den Händen.

3. Schlage die Eier einzeln in eine Tasse auf und verrühre sie in einer Schüssel mit Jodsalz, saurer Sahne und Zimt. Mische das Mehl, die Cornflakes und die Milch darunter. Der Teig sollte dickflüssig sein.

4. Heize das Waffeleisen auf. Verstreiche mit einem Backpinsel etwas Butter oder Margarine auf beiden Seiten des Waffeleisens.

5. Verteile 3 bis 4 Esslöffel Teig in dem Waffeleisen und backe eine goldbraune Waffel. Das dauert etwa 3 Minuten, hängt aber sehr vom Gerät ab.

6. Nimm die fertige Waffel mit einer Gabel aus dem Eisen und lege sie auf ein Kuchengitter. Fette das Eisen erneut ein. Backe weitere Waffeln, bis der Teig verbraucht ist. Wird der Teig zu dickflüssig (die Cornflakes quellen auf), rühre noch etwas Milch darunter.

7. Gib den Puderzucker in ein kleines Teesieb und streue ihn über die fertigen Waffeln.

Ab 10 Jahren
Das brauchst du für 4–6 Stück

- **100 g Cornflakes**
- **4 Eier (Größe M)**
- **1 Prise Jodsalz**
- **150 g saure Sahne**
- **1/2 TL gemahlener Zimt**
- **5 EL Mehl**
- **6–8 EL Milch**

Außerdem:
- **Butter oder Margarine für das Waffeleisen**
- **1 EL Puderzucker zum Bestauben**

So viel Zeit brauchst du:
40 Minuten

Teigfiguren für kleine Künstler

Ab 8 Jahren
Das brauchst du für etwa 12 Stück

Für den Teig:
- **125 g Magerquark (1/2 kleines Paket)**
- **5 EL Milch**
- **6 EL Öl**
- **1 Ei (Größe M)**
- **5 EL Zucker**
- **1 Päckchen Vanillezucker**
- **1 Prise Salz**
- **400 g Mehl**
- **1 Päckchen Backpulver**

Außerdem:
- **2 EL Milch zum Bestreichen**

So viel Zeit brauchst du:
45 Minuten
So lang ist die Backzeit:
20 Minuten

Ob Bären, Mäuse, Blumen, Schnecken oder Zöpfe – hier kannst du nach Lust und Laune kneten und formen, fast wie mit Kinderknete. Die Figuren schmecken pur ebenso gut wie aufgeschnitten und mit Butter und Marmelade bestrichen.

1. Lies das ganze Rezept und die Tipps durch und stelle alle Zutaten bereit.

2. Gib Quark, Milch, Öl, Ei, Zucker, Vanillezucker und Salz in eine Rührschüssel. Verrühre alle diese Zutaten mit den Quirlen des Handrührers auf Stufe 1 zu einer gleichmäßigen, dickflüssigen Creme.

3. Wiege das Mehl ab und mische es mit dem Backpulver. Gib ungefähr die Hälfte davon zur Quarkcreme und verrühre alle Zutaten auf Stufe 1 gründlich miteinander. Tausche dann die Quirle des Handrührers gegen die Knethaken aus. Gib das restliche Mehl zum Teig und verknete es auf Stufe 1. Ist der Teig noch nicht ganz gleichmäßig, knete mit den Händen weiter. Der Teig soll geschmeidig sein, aber nicht kleben.

4. Heize den Backofen auf 180 °C (Umluft 160 °C, Gas Stufe 2–3) vor. Lege ein Backblech mit einem passenden Stück Backpapier aus.

5. Teile den Teig in etwa aprikosengroße Stücke auf. Die Figuren sollten fast gleich groß sein, damit sie die gleiche Backzeit haben. Forme aus jedem Stück Figuren nach deiner Phantasie, beispielsweise Mäuse, Bären, Blumen, Schnecken oder Männchen. Willst du Stücke wie Kopf und Bauch zusammensetzen, bestreiche die Nähte mit etwas Wasser, dann halten die Teile besser zusammen.

6. Lege die Figuren auf das Backblech, lass dazwischen immer 2 Finger breit Abstand. Gib 2 Esslöffel Milch in eine Tasse. Bestreiche damit die Figuren mit Hilfe eines Pinsels. Schiebe das Blech auf der mittleren Schiene in den Backofen und stelle den Küchenwecker auf 20 Minuten ein.

7. Wenn der Wecker klingelt, sind die Figuren fertig. Nimm das Blech mit Topflappen vorsichtig aus dem Backofen. Lass dir dabei eventuell von einem Großen helfen. Stelle das Backblech auf den Herdplatten oder einem Untersetzer ab und lass die Figuren auf dem Blech abkühlen.

Tipp
Gib Milch und Öl beim Abmessen zuerst mit einem Esslöffel in eine Tasse und gieße beides daraus in die Rührschüssel. So kannst du noch korrigieren, falls du diese Zutaten zu schwungvoll auf den Löffel gießt.

Partytipp für Eltern
Möchten Sie während einer Geburtstagsparty mit den Kindern gemeinsam backen? Dieses Rezept ist ideal dafür. Die Rezeptmenge reicht für 3 bis 4 Kinder. Auf einer abwischbaren Tischplatte oder einer entsprechenden Tischdecke können die Kinder dann nach Lust und Laune ihre Figuren formen. Backen Sie die Figuren, während Spiele gemacht werden.

Hallo Eltern
Dieses Rezept kann Sie und Ihre Kids das ganze Jahr hindurch begleiten und Ihnen dabei helfen, die Festtage mit ihren Hintergründen und Gebräuchen zu erklären. Besorgen Sie sich gegebenenfalls ein entsprechendes Buch und backen Sie lustige Glücksschweinchen, typische Osternester oder -hasen, Kränze zum Erntedank, Stiefel am Nikolaus oder Sterne für das Weihnachtsfest. Lesen Sie dazu aus dem Buch vor.

Kunterbunter Kleckskuchen

Mit diesem Kuchen kannst du deine Freunde bestimmt begeistern. Er sieht aus wie eine bunt gescheckte Kuh. Jeder kann sich seine Lieblingsfarbe aussuchen oder einfach von jeder Farbe einmal probieren.

1. Lies das ganze Rezept durch und stelle alle Zutaten bereit.

2. Gib den Zucker in eine Rührschüssel. Schneide die Butter in Stücke und gib sie zum Zucker. Verrühre beides mit den Quirlen des elektrischen Handrührers auf Stufe 2 zu einer Creme. Schlage 1 Ei in eine Tasse auf, gib es dann in die Schüssel und rühre es auf Stufe 1 unter. Rühre die anderen Eier nacheinander ebenso ein. Schlage dann alles auf Stufe 3 cremig. Gib den Joghurt (die Becher gründlich auskratzen) und die Milch dazu und verrühre alles auf Stufe 1.

3. Mische das Mehl in einer zweiten Schüssel mit dem Backpulver. Gib diese Mischung zur Butter-Eier-Creme und verrühre alles auf Stufe 1 gründlich zu einem glatten Teig.

4. Heize den Backofen auf 180 °C (Umluft 160 °C, Gas Stufe 2–3) vor. Lege ein Backblech mit einem passenden Stück Backpapier aus.

5. Stelle vier kleine Schüsseln bereit und verteile den Teig gleichmäßig auf diese Schüsseln. Gib zu jeder Portion eine Lebensmittelfarbe. Nimm für jede Schüssel einen eigenen Löffel und rühre die Farbe gleichmäßig unter den Teig. Wenn dir die Farbe noch nicht kräftig genug ist, gib noch etwas Farbe dazu.

6. Gib von den Teigen je 1 gehäuften Esslöffel auf das Backblech, so entstehen kunterbunte Kleckse. Lass zwischen den Klecksen etwa 1 bis 2 Finger breit Abstand. Du benötigst auf der kurzen Seite des Blechs etwa 4 Kleckse nebeneinander, auf der langen Seite etwa 6 Kleckse.

7. Schiebe das Blech auf der mittleren Schiene in den Backofen. Stelle einen Küchenwecker auf 30 Minuten ein. Wenn der Wecker klingelt, nimm den fertigen Kuchen mit Topflappen aus dem Backofen und lass ihn auf dem Blech auskühlen.

Ab 8 Jahren

Das brauchst du für 20 Stück

- **200 g Zucker**
- **125 g weiche Butter (1/2 Paket)**
- **4 Eier (Größe M)**
- **400 g Vanillejoghurt (2 Becher)**
- **4 EL Milch**
- **500 g Mehl**
- **1 Päckchen Backpulver**
- **je 1/4 TL von 4 verschiedenen Lebensmittelfarben (Pulver)**

So viel Zeit brauchst du:
30–40 Minuten
So lang ist die Backzeit:
30 Minuten

So gelingt der Kleckskuchen

1. Verteile den angerührten Teig in vier kleine Schüsselchen.

2. Gib in jedes Schüsselchen Lebensmittelfarbe, so viel, bis dir der Farbton gefällt.

3. Gib den bunten Teig mit einem Esslöffel als Kleckse auf das vorbereitete Blech.

Rosinen-sirup-Teddybären

Ab 8 Jahren
Das brauchst du für 6 Stück

- **200 g weiche Butter oder Margarine**
- **8 EL Ahornsirup**
- **3 Eier (Größe M)**
- **300 g Mehl**
- **3 TL Backpulver**
- **2 EL lösliches Schokoladenpulver**
- **150 ml Milch**
- **100 g Rosinen**

Für die Garnierung:
- **100 g Puderzucker**
- **2 EL Zitronensaft**
- **1–2 EL lösliches Schokoladenpulver**
- **nach Belieben bunte Zuckerstreusel, Smarties, kleine bunte Bonbons oder andere Süßigkeiten**

Außerdem:
- **1–2 EL weiche Butter oder Margarine**
- **2–3 EL Mehl**

So viel Zeit brauchst du:
60 Minuten
So lang ist die Backzeit:
20 Minuten

Süße Teddybären zum Aufessen? Ja bitte! In einem speziellen Bärchen-Backblech mit sechs Vertiefungen gelingen die lustigen Kuchen ganz schnell und leicht. Und wenn ihr solch eine Form nicht habt, backt den Teig einfach in anderen kleinen Formen.

1. Lies das ganze Rezept und den Tipp durch und stelle alle Zutaten bereit.

2. Heize den Backofen auf 180 °C (Umluft 160 °C, Gas Stufe 2–3) vor. Schiebe den Rost auf der mittleren Schiene in den Backofen. Nimm etwas weiche Butter oder Margarine auf einen Backpinsel und fette damit 6 Bärchenformen (mit je etwa 200 Milliliter Inhalt) auf einem speziellen Backblech ein. Streue anschließend etwas Mehl in die Förmchen. Sie müssen überall gefettet und mit einer dünnen Mehlschicht überzogen sein, damit später die fertigen Kuchen heil herauskommen.

3. Gib die weiche Butter oder Margarine in eine Schüssel und rühre sie mit einem Schneebesen oder den Quirlen des elektrischen Handrührers auf Stufe 1 cremig. Rühre den Sirup langsam darunter.

4. Schlage die Eier einzeln in eine Tasse auf und gib sie zur Sirupcreme. Verrühre alles gründlich. In einer anderen Schüssel vermischst du dann das Mehl mit dem Backpulver und dem Schokoladenpulver. Gib diese Mischung, die Milch und die Rosinen zur Sirupcreme und verrühre alles zu einem glatten Teig.

5. Gib in jede Form 3 bis 4 Esslöffel Teig, streiche ihn ein wenig glatt und stelle die Form dann auf den Rost im Backofen. Stelle den Küchenwecker auf 20 Minuten ein – wenn er klingelt, sind die Kuchen schon fertig. Nimm das Blech mit Topflappen aus dem Backofen und stelle es auf ein Kuchengitter. Lass die Bärchen in den Formen mindestens 30 Minuten abkühlen. Dann kannst du sie vorsichtig aus den Formen lösen.

6. Verrühre den Puderzucker mit dem Zitronensaft zu einer dicken Paste. Bestreue die Bärchen mit Schokoladenpulver und verziere sie nach Lust und Laune mit Zuckerguss und allerlei süßen, bunten Zutaten.

Tipp
Wenn du mit dem Handrührgerät arbeitest, solltest du Folgendes beachten: Stecke Quirle oder Knethaken in das Gerät, wenn dieses noch nicht in der Steckdose eingesteckt ist. Schalte das Gerät erst an, wenn Quirle oder Knethaken schon in den Zutaten stecken, sonst spritzt es. Halte mit einer Hand den Handrührer, mit der anderen die Schüssel gut fest. Stelle die Schüssel auf ein feuchtes Tuch, dann kann sie nicht so leicht wegrutschen. Nimm Quirle oder Knethaken nicht aus den Zutaten, solange sie sich drehen. Beginne mit dem Rühren/Kneten immer auf Stufe 1. Schabe zwischendurch mit einem Teigschaber die Zutaten am oberen Rand der Schüssel nach unten, damit du alle Zutaten gleichmäßig verrührst. Schalte dabei das Gerät aus.

Die Rosinenbärchen mit Ahornsirup könnt ihr ganz nach Lust und Laune mit bunten Süßigkeiten verzieren.

Gebackene Eistörtchen

Ab 8 Jahren
Das brauchst du für 16 Stück

- **1 Ei (Größe M)**
- **4 EL weiche Butter oder Margarine**
- **4 EL Zucker**
- **1 Päckchen Vanillezucker**
- **2 EL gehackte Mandeln**
- **1 EL Kakaopulver**
- **1 EL getrocknete Kokosraspel**
- **2 TL Backpulver**
- **100 g Mehl**
- **3 EL Milch**

Außerdem:

- **16 Waffelförmchen (innen mit Schokolade bedeckt; zum Hinstellen; z. B. Backlets)**
- **1 EL getrocknete Kokosraspel**

So viel Zeit brauchst du:
30 Minuten
So lang ist die Backzeit:
20 Minuten

Normalerweise schleckt ihr cremiges Eis, wenn ihr solch ein Waffelförmchen in der Hand habt. Überrascht eure Freunde und reicht ihnen einen Becher, gefüllt mit einem luftigen Schokoladen-Kokos-Kuchen.

1. Lies das ganze Rezept durch und stelle alle Zutaten bereit.

2. Schiebe den Ofenrost auf der mittleren Schiene in den Backofen und heize den Backofen auf 200 °C (Umluft 180 °C, Gas Stufe 3–4) vor.

3. Schlage das Ei in eine Rührschüssel auf. Gib die weiche Butter oder Margarine, den Zucker und den Vanillezucker dazu und verrühre alles mit einem Schneebesen, bis eine gleichmäßige Creme entstanden ist.

4. Vermische in einer anderen Schüssel die gehackten Mandeln mit Kakaopulver, Kokosraspeln, Backpulver und Mehl. Gib diese Mischung mit der Milch zur Eiercreme. Verrühre den Teig mit dem Schneebesen, bis er schön glatt ist. Anfangs darfst du nur leicht rühren, sonst staubt das Mehl in alle Richtungen.

5. Fülle 1 bis 2 Teelöffel Teig in jedes Waffelförmchen. Du darfst den Becher nur bis unter den Rand füllen, sonst kippt er später beim Backen um, weil der Teig aufgeht. Stelle die Waffelbecher dann nebeneinander in eine Backform; diese muss einen geraden Boden haben. Streue 1 Esslöffel Kokosraspel über den Teig.

6. Stelle die Form mit den gefüllten Waffelförmchen in den Backofen. Stelle einen Küchenwecker auf 20 Minuten ein. Wenn er klingelt, nimm die Form mit Topflappen aus dem Backofen (lass dir von einem Großen helfen). Lass die Küchlein eine Weile abkühlen, bevor du hineinbeißt.

Hier bleibt nichts übrig, denn der luftige Schokokuchen wird in Eiswaffeln gebacken.

Vanille-Muttertagsherz

Dieser Muttertagskuchen ist schnell fertig und gelingt ganz leicht. Wenn ihr keine Herzform habt, könnt ihr eine Springform verwenden und später ein Herz aus dem Kuchen ausschneiden oder den Kuchen mit Herzen verzieren.

Ab 8 Jahren

Das brauchst du für 1 Herz

- **125 g weiche Butter oder Margarine**
- **75 g Zucker**
- **50 g Schmand**
- **2 Eier (Größe S)**
- **75 g Weizenmehl, Type 1050**
- **75 g Speisestärke**
- **1 TL Backpulver**
- **1/2 TL gemahlene Vanille (aus dem Reformhaus)**
- **50 g Rosinen**

Außerdem:

- **Butter oder Margarine für die Form**
- **1 EL Puderzucker**
- **Schokoladenbuchstaben, Zuckergussherzen, -blumen oder andere Kuchenverzierungen**

So viel Zeit brauchst du: 40 Minuten

So lang ist die Backzeit: 25 Minuten

1. Lies das ganze Rezept durch und stelle alle Zutaten bereit.

2. Heize den Backofen auf 200 °C (Umluft 180 °C, Gas Stufe 3–4) vor, schiebe den Ofenrost auf der mittleren Schiene in den Backofen. Nimm etwas weiche Butter oder Margarine auf einen Backpinsel und streiche eine herzförmige Backform (etwa 1 Liter Inhalt) damit ein.

3. Gib die weiche Butter oder Margarine und den Zucker in eine Rührschüssel und verrühre beides mit einem Schneebesen oder den Quirlen des elektrischen Handrührers auf Stufe 1, bis die Masse cremig ist. Gib dann den Schmand dazu.

4. Schlage die Eier einzeln in eine Tasse auf und gib sie zum Teig, verrühre alles. Vermenge in einer anderen Schüssel das Weizenmehl mit der Speisestärke, dem Backpulver und der gemahlenen Vanille. Rühre diese Mischung langsam unter die Zuckercreme und mische zuletzt auch die Rosinen unter den Teig.

5. Fülle den Teig in die vorbereitete Form um und streiche die Oberfläche mit einem Löffelrücken möglichst glatt. Stelle die Backform auf den Rost in den Backofen. Stelle den Küchenwecker auf 25 Minuten ein. Wenn er klingelt, nimm die Backform mit Topflappen aus dem Backofen (lass dir dabei am besten von einem Großen helfen). Lass den Kuchen in der Form abkühlen.

6. Später kannst du den Kuchen direkt in der Form verzieren, oder du stürzt ihn vorsichtig auf eine Kuchenplatte und verzierst ihn dann. Es ist allerdings nicht ganz leicht, den Kuchen zu stürzen. Lass dir dabei helfen.

7. Gib den Puderzucker in ein kleines Sieb (z. B. ein Teesieb) und streue ihn damit über den Kuchen. Lege Schokoladenbuchstaben und/oder andere Verzierungen darauf.

Mit schöner, bunter Kuchendeko wird das Muttertagsherz zum besonderen Geschenk.

Kleiner Haferflockenkranz

Ab 8 Jahren

Das brauchst du für 1 Mini-Kuchen

- **Butter für die Form**
- **50 g weiche Butter**
- **50 g Zucker**
- **2 Eier (Größe M)**
- **75 g zarte Haferflocken**
- **4 EL Mehl**
- **1/2 TL Backpulver**
- **1/2 TL gemahlener Zimt**
- **3 EL Schokoladenraspel**
- **Puderzucker oder Schokoladenpulver**

So viel Zeit brauchst du:
30 Minuten
So lang ist die Backzeit:
30 Minuten

Bild unten: Kleiner Haferflockenkranz

Wenn du deine Freunde mit einem selbst gebackenen Kuchen bewirten möchtest, ist dieser Mini-Kuchen genau richtig. Er wird in einer ganz kleinen Springform mit Kranzeinsatz gebacken.

1. Lies das ganze Rezept durch und stelle alle Zutaten bereit, bevor du mit der Zubereitung beginnst.

2. Heize den Backofen auf 200 °C (Umluft 180 °C, Gas Stufe 3–4) vor und schiebe den Ofenrost auf der mittleren Schiene in den Backofen. Nimm etwas weiche Butter auf einen Backpinsel und streiche damit eine Springform mit Kranzeinsatz von 16 Zentimeter Durchmesser gründlich aus.

3. Gib die weiche Butter und den Zucker in eine Rührschüssel und verrühre beides gründlich mit einem Schneebesen oder mit den Quirlen des elektrischen Handrührers auf Stufe 1. Schlage die Eier einzeln in eine Tasse auf und rühre sie unter die Zuckercreme.

4. Vermische in einer anderen Schüssel die Haferflocken mit Mehl, Backpulver, gemahlenem Zimt und Schokoladenraspeln. Rühre diese Mischung nach und nach auf Stufe 1 unter die Zuckercreme. Fülle den Teig in die vorbereitete Form und stelle diese auf den Rost im Backofen. Stelle einen Küchenwecker auf 30 Minuten ein. Wenn der Wecker klingelt, nimm den Kuchen mit Topflappen aus dem Backofen – oder lass dir von einem Großen helfen.

5. Stelle den Kuchen auf ein Kuchengitter und lass ihn mindestens 30 Minuten in der Form auskühlen. Dann kannst du vorsichtig den Rand der Form lösen und den Kuchen auf einen Teller stürzen. Bestreue ihn mit Puderzucker oder Schokoladenpulver – dann ist er fertig.

Süße Rosinen-Quark-Brötchen

Wenn du Lust auf Brötchen hast, süß und lecker und ganz leicht zu backen, dann probiere dieses Rezept. Falls du nicht so sehr auf Rosinen stehst, tausche sie einfach gegen Schokolade aus. Lies dazu unter »Variante« nach.

1. Lies das ganze Rezept durch und stelle alle Zutaten bereit.

2. Heize den Backofen auf 200 °C (Umluft 180 °C, Gas Stufe 3–4) vor. Lege ein Backblech mit einem Stück Backpapier aus.

3. Gib Butter oder Margarine, Quark, Vanillezucker und Zucker in eine Rührschüssel und verrühre alles gut miteinander – benutze dafür am besten einen großen Schneebesen.

4. Gib die Rosinen hinzu und rühre sie mit den Knethaken eines elektrischen Handrührers auf Stufe 1 unter die Quarkmischung. Nun gib das Mehl und das Backpulver hinzu und knete beides ebenfalls mit dem Handrührer auf Stufe 1 unter den Teig.

5. Gib den Teig auf die Arbeitsfläche und knete ihn mit deinen Händen zu einer Kugel. Forme dann eine Rolle daraus, die etwa 40 Zentimeter lang sein sollte. Schneide diese Teigwurst in 16 gleich dicke Scheiben.

6. Forme mit den Händen aus den Teigstücken kleine Brötchen – sie dürfen ruhig unterschiedlich aussehen. Lege die Brötchen auf das Backblech.

7. Schlage das Ei in eine kleine Schüssel auf und verquirle es gut mit einem kleinen Schneebesen. Nimm einen Backpinsel und bestreiche die Brötchen reichlich mit dem Ei.

8. Schiebe das Blech auf der mittleren Schiene in den Backofen. Stelle auf einem Küchenwecker 20 Minuten ein. Wenn der Wecker klingelt, sind die Brötchen vielleicht schon fertig. Sehen sie allerdings noch nicht schön braun aus, dann lass sie noch weitere 5 Minuten im Backofen. Nimm das Blech mit den fertigen Brötchen mit Topflappen aus dem Backofen oder lass dir von einem Großen helfen. Lass die Brötchen auskühlen.

Variante

Willst du lieber Schokobrötchen backen, dann nimm anstelle der Rosinen 1 Päckchen Schokoladenstückchen.

Ab 10 Jahren

Das brauchst du für 16 Stück

Für den Teig:

- **50 g weiche Butter oder Margarine**
- **250 g Quark (1 kleines Päckchen; 20 % Fett)**
- **1 Päckchen Vanillezucker**
- **2 EL Zucker**
- **5 EL Rosinen**
- **250 g Dinkelmehl, Type 630**
- **3 TL Backpulver**

Außerdem:

- **1 Ei (Größe S)**

So viel Zeit brauchst du:
30 Minuten
So lang ist die Backzeit:
20–25 Minuten

Die süßen Rosinen-Quark-Brötchen schmecken zum Frühstück oder als Snack in der großen Pause.

Lustiges Kuchen-Memory

Sicher kennt ihr das Spiel, bei dem gleiche Karten aufzudecken sind. Es war Vorlage für diesen lustigen Kuchen, bei dem ihr immer zwei Stücke gleich verziert. Wer sie später zuerst entdeckt, darf sie natürlich auch aufessen.

1. Lies das ganze Rezept und den Tipp durch und stelle alle Zutaten bereit.

2. Heize den Backofen auf 180 °C (Umluft 160 °C, Gas Stufe 2–3) vor. Nimm etwas weiche Butter oder Margarine auf einen Backpinsel und streiche ein Backblech gründlich damit aus.

3. Gib die weiche Butter oder Margarine, den Zucker und das Zitronenschalenaroma oder den Zitronenzucker in eine Rührschüssel und verrühre alles mit den Quirlen des elektrischen Handrührers auf Stufe 1 bis 2, bis eine cremige Masse entstanden ist. Schlage die Eier einzeln in eine Tasse auf und rühre sie gründlich unter die Zuckercreme.

4. Mische in einer anderen Schüssel das Backpulver mit dem Mehl und den Kokosraspeln, gib die Mischung zur Zuckercreme und verrühre alles vorsichtig. Gib den Teig auf das vorbereitete Blech und verstreiche ihn möglichst gleichmäßig mit einem Teigschaber oder einem Löffelrücken.

5. Schiebe das Blech auf der mittleren Schiene in den Backofen und stelle den Küchenwecker auf 20 Minuten ein. Wenn er klingelt, nimm das Blech mit Topflappen aus dem Backofen – lass dir dabei eventuell von einem Großen helfen, damit du dir nicht die Finger verbrennst. Stell das Blech auf die Herdplatten oder ein Kuchengitter und lass den Kuchen auf dem Blech abkühlen.

6. Zum Verzieren presse die Zitrone aus. Verrühre in einer Schüssel den Puderzucker mit dem Zitronensaft und eventuell mit etwas Wasser, bis ein dickflüssiger Guss entstanden ist. Am besten rührst du den Guss mit einem kleinen Schneebesen an, damit sich keine Klümpchen bilden. Verteile den Guss in kleine Schälchen und färbe die einzelnen Portionen mit unterschiedlicher Speisefarbe ein.

7. Schneide den Kuchen auf dem Blech in etwa 5 Zentimeter große Quadrate – lass dir dabei eventuell von einem Großen helfen. Nun kannst du die Kuchenstücke nach Belieben mit buntem Zuckerguss, Schokoladen- und Zuckerstreuseln sowie bunten Süßigkeiten verzieren – immer zwei Stücke genau gleich.

Tipp
Du kannst aus diesem Teig auch tolle Tischkärtchen machen. Namen und Verzierungen kannst du direkt mit farbiger Zuckerschrift auf die Stücke spritzen.

Ab 10 Jahren

Das brauchst du für 1 Backblech von 30 x 40 cm

- **250 g weiche Butter oder Margarine**
- **200 g Zucker**
- **1 Päckchen Zitronenschalenaroma oder Zitronenzucker**
- **6 Eier (Größe M)**
- **1/2 Päckchen Backpulver**
- **300 g Mehl**
- **50 g Kokosraspel**

Zum Garnieren:
- **1 Zitrone**
- **250 g Puderzucker**
- **Speisefarben**
- **Schokoladen- und Zuckerstreusel**
- **allerlei kleine bunte Bonbons, Gummibärchen etc.**

Außerdem:
- **Butter oder Margarine für das Blech**

So viel Zeit brauchst du:
60 Minuten
So lang ist die Backzeit:
20 Minuten

Die kleinen Kuchenstücke kannst du mit buntem Zuckerguss nach Belieben verzieren – natürlich immer zwei Stücke genau gleich.

Haselnuss-Butterkuchen

Ab 10 Jahren

Das brauchst du für 1 Backblech von 30 x 40 cm

Für den Teig:
- **3 Eier (Größe M)**
- **1 Becher Sahne (200 g)**
- **1 Becher Zucker (der Sahnebecher ist dein Maß)**
- **2 Becher Mehl**
- **3 TL Backpulver**

Für den Belag:
- **1/2 Paket Butter (125 g)**
- **1 Becher Zucker**
- **8 EL Milch**
- **200 g gehobelte Haselnüsse (2 Tütchen)**

So viel Zeit brauchst du:
30 Minuten
So lang ist die Backzeit:
30 Minuten

Dieser Kuchen ist ganz einfach und schnell zu backen. In rund einer Stunde steht er fertig auf dem Tisch, und du brauchst nicht mal eine Küchenwaage. Mit einem Sahnebecher kannst du die Zutaten ruck, zuck abmessen.

1. Lies das ganze Rezept durch und stelle alle Zutaten bereit.

2. Heize den Backofen auf 200 °C (Umluft 180 °C, Gas Stufe 3–4) vor. Lege ein Backblech mit einem passenden Stück Backpapier aus.

3. Schlage die Eier einzeln in eine Tasse auf und gib sie in eine Rührschüssel. Gib Sahne und Zucker dazu und rühre alles mit den Quirlen des elektrischen Handrührers auf Stufe 2 schaumig. Die Masse soll deutlich mehr werden. Gib Mehl sowie Backpulver hinzu und rühre beides auf Stufe 1 unter den Teig.

4. Gieße den Teig auf das Backblech und streiche ihn mit einem Teigschaber glatt. Schiebe das Blech auf der mittleren Schiene in den Backofen. Stelle einen Küchenwecker auf 15 Minuten ein.

5. Gib nun die Butter in einen kleinen Topf und lass sie bei schwacher Hitze auf dem Herd schmelzen. Schütte Zucker und Milch hinzu und rühre alles mit einem Kochlöffel gut um. Gib die Haselnüsse auch dazu und rühre sie unter. Ziehe den Topf von der Herdplatte.

6. Wenn der Wecker klingelt, nimm das Blech mit Topflappen aus dem Backofen und stelle es auf den Herdplatten ab. Verstreiche die Haselnuss-Butter-Mischung zügig auf dem Kuchen – benutze dafür am besten einen Esslöffel. Lass dir von einem Großen helfen.

7. Schiebe den Kuchen wieder auf der mittleren Schiene in den Backofen – Topflappen nicht vergessen! Stelle einen Küchenwecker nochmals auf 15 Minuten ein. Wenn der Wecker klingelt, ist der Kuchen fertig.

8. Hole den Kuchen mit Topflappen aus dem Backofen und stelle ihn zum Abkühlen auf ein Kuchengitter. Wenn du es kaum erwarten kannst, ein Stück zu kosten, bitte einen Großen, dass er den Kuchen vom heißen Blech auf das Kuchengitter zieht. Dann kühlt er schneller aus. Den Kuchen in etwa 8 Zentimeter große Quadrate schneiden (20 Stücke). Übrigens schmeckt der Kuchen auch, wenn er noch lauwarm ist.

Variante

Wenn du keine gehobelten Haselnüsse hast, nimm gehackte Mandeln oder Mandelblättchen – dann gibt es einen Mandel-Butterkuchen.

An die Zähne denken

Wenn du gern mal ein Stück Kuchen isst, solltest du das Zähneputzen danach nicht vergessen. Der Haselnuss-Butterkuchen ist besonders lecker, aber auch besonders zuckerig. Der Belag besteht aus einem richtigen Nusskrokant. Und der klebt ganz schön fest an deinen Zähnen. Da hilft nur ordentlich schrubben, auch wenn das am Nachmittag nicht die Regel ist. Übrigens solltest du nicht jeden Tag Kuchen essen. Der zählt nämlich zu den Süßigkeiten. Und davon sollte es bekanntlich ja nicht zu viel sein. Iss lieber mal einen frischen Apfel, eine Birne oder anderes Obst deiner Wahl. Das ist besser für deine Zähne und hält dich fit.

Zitronenkranz mit Heidelbeeren

Du brauchst für diesen Teig keinen elektrischen Handrührer, er lässt sich prima mit dem Schneebesen rühren. Wenn du eine große Schüssel mit fest schließendem Deckel hast, kannst du auch alle Zutaten hineingeben und kräftig zu einem Teig schütteln.

Ab 8 Jahren

Das brauchst du für 1 Springform mit Kranzeinsatz von 22–24 cm ø

- **175 g Butter**
- **300 g Mehl**
- **200 g Zucker**
- **2 TL Backpulver**
- **1 Päckchen Zitronenschalenaroma**
- **1 Prise Jodsalz**
- **4 Eier (Größe M)**
- **100 ml Milch**
- **150 g tiefgekühlte Heidelbeeren**

Außerdem:

- **Butter für die Form**
- **100 g Zitronenglasur**

So viel Zeit brauchst du: 30 Minuten

So lang ist die Backzeit: 50 Minuten

1. Lies das ganze Rezept durch und stelle alle Zutaten bereit.

2. Gib etwas Butter auf einen Backpinsel. Streiche die Springform damit aus. Heize den Backofen auf 180 °C (Umluft 160 °C, Gas Stufe 2–3) vor. Schiebe den Rost auf die mittlere Schiene in den Ofen.

3. Lass die Butter in einem kleinen Topf bei schwacher Hitze auf dem Herd schmelzen. Ziehe den Topf von der Herdplatte.

4. Vermische Mehl, Zucker, Backpulver, Zitronenschalenaroma und Jodsalz in einer Schüssel. Schlage die Eier einzeln in eine Tasse auf und gib sie zur Mehlmischung. Gib Fett und Milch dazu und verrühre alles mit einem Schneebesen zu einem glatten Teig. Rühre zuletzt rasch die noch gefrorenen Heidelbeeren darunter und fülle den Teig in die Form.

5. Stelle die Form auf den Rost im Backofen. Stelle den Küchenwecker auf 50 Minuten ein. Wenn er klingelt, nimm den Kuchen mit Topflappen aus dem Backofen. Lass den Kuchen mindestens 15 Minuten lang in der Form auskühlen, bevor du vorsichtig den Rand der Springform löst.

6. Beim Verzieren des Kuchens solltest du dir helfen lassen. Stelle den Beutel mit dem Zitronenguss in einen kleinen Topf mit Wasser und erhitze das Wasser, bis der Guss weich geworden ist. Schneide dann eine kleine Ecke vom Beutel ab und träufle den Guss über den Kuchen.

Bild unten: Zitronenkranz mit Heidelbeeren

Nektarinenkuchen unter Mandelstreuseln

Ab 10 Jahren
Das brauchst du für 1 Springform von 26 cm ø

Für den Teig und die Streusel:
- **250 g Butter (1 Paket)**
- **200 g Zucker**
- **250 g Mehl**
- **200 g gemahlene Mandeln (1 Päckchen)**

Für die Füllung und zum Bestreuen:
- **100 g Mandelblättchen (1 Päckchen)**
- **1 EL Speisestärke**
- **4 Nektarinen**

So viel Zeit brauchst du:
30 Minuten
So lang ist die Backzeit:
30 Minuten

Der saftige Nektarinenkuchen mit Streuseln schmeckt auch als Nachtisch klasse.

Boden und Streusel dieses leckeren Obstkuchens werden aus ein und demselben Teig gemacht, der sich ganz leicht herstellen lässt. Für den Boden musst du nur die Hälfte der Krümel in die Form geben und gut andrücken.

1. Lies das ganze Rezept und die Tipps durch und stelle alle Zutaten bereit.

2. Schneide die Butter in Stücke, gib sie in einen kleinen Topf und lass sie bei schwacher Hitze schmelzen. Rühre dabei mit einem Löffel um und achte darauf, dass die Butter nicht braun wird. Wenn die gesamte Butter flüssig ist, schalte den Herd aus, nimm den Topf vom Herd und gieße die Butter vorsichtig in eine Rührschüssel.

3. Streiche die restliche Butter im Topf mit einem Pinsel zusammen und streiche damit Boden und Rand der Springform aus. Schiebe den Ofenrost auf der mittleren Schiene in den Backofen. Heize den Backofen auf 200 °C (Umluft 180 °C, Gas Stufe 3–4) vor.

4. Gib Zucker, Mehl und die gemahlenen Mandeln zur flüssigen Butter in die Schüssel. Rühre alles mit den Quirlen des elektrischen Handrührers auf Stufe 1, bis alles gleichmäßig verrührt und der Teig krümelig ist.

5. Gib etwa die Hälfte der Streusel in die Springform, verteile sie gleichmäßig und drücke sie gut fest, so dass ein etwa 1/2 Zentimeter dicker Boden entsteht.

6. Verteile die Hälfte der Mandelblättchen flach auf dem Boden. Halte ein kleines Sieb direkt über die Form, gib die Stärke in das Sieb und bestaube die Mandelblättchen gleichmäßig damit.

7. Wasche die Nektarinen und trockne sie ab. Halbiere die Früchte mit einem Messer und entferne die Steine. Schneide jede Fruchthälfte in 8 dünne Spalten. Lege diese Spalten überlappend wie Dachziegel auf den vorbereiteten Boden.

8. Krümle den restlichen Teig darüber. Achte darauf, dass die Krümel nicht zu klein sind; du kannst den Teig mit den Fingern zu etwa erbsengroßen Stücken zusammendrücken. Streue danach die restlichen 50 Gramm Mandelblättchen darüber.

9. Stelle die Form auf den Rost in den Backofen. Stelle einen Küchenwecker auf 30 Minuten ein und lass den Kuchen goldbraun backen. Wenn der Wecker klingelt, nimm die Form mit Topflappen aus dem Backofen. Lass den Kuchen in der Form auskühlen. Den Kuchen kannst du in 12 Stücke schneiden.

Tipp
Wenn du eine beschichtete Form verwendest, darfst du in der Form nicht schneiden. Du musst dann den fertigen Kuchen vom Boden lösen und vorsichtig auf eine Kuchenplatte heben. Lass dir dabei von einem Großen helfen.

Andere fruchtige Streuselkuchen
Statt Nektarinen kannst du auch Pfirsiche oder Aprikosen verwenden – nimm aber möglichst kein Dosenobst. Der leicht säuerliche Geschmack der frischen Früchte passt besser zum süßen Streuselteig. Sehr gut sind auch rote Johannisbeeren: Auch wenn du sie pur vielleicht nicht so gern magst, im Teig versteckt und gebacken schmecken sie dir bestimmt.

Für Geburtstage und andere Feste rund ums Jahr

In diesem Kapitel gibt es für jeden Anlass die richtige süße Verführung: knusprig Ausgebackenes zum Faschingsfest, einen bunten Osterkranz, einen Halloween-Spidercake, ein Silvester-Glücksschweinchen und eine cremige Karamelltorte für Opas 65. Und damit das Feiern für die ganze Familie ein Spaß wird, sind alle Rezepte einfach nachzubacken.

Frittierte Liebesknoten

Für etwa 30 Stück

- 125 g weiche Butter
- 1 Prise Jodsalz
- 125 g Zucker
- 3 Eier (Größe S)
- 1 Fläschchen oder Tütchen Rum-Aroma
- 500 g Mehl
- 1 Päckchen Backpulver

Außerdem:
- Mehl zum Ausrollen
- Öl zum Frittieren
- Puderzucker

Zubereitungszeit
45 Minuten
Ruhezeit
2 Stunden
Backzeit
etwa 20 Minuten

Goldbraun ausgebackene Süßigkeiten gehören zum echten Faschingsfest ebenso wie zur Silvesternacht. Oft werden runde, gefüllte Berliner gereicht, diese lustigen Knoten sind jedoch schneller fertig und garantiert ebenso fein.

1. Die weiche Butter zusammen mit Jodsalz, Zucker, Eiern und dem Rum-Aroma in eine Schüssel geben und mit den Quirlen des elektrischen Handrührers schaumig schlagen.

2. Das Mehl mit dem Backpulver mischen und zum Eierschaum geben, nach und nach unterrühren und -kneten. Den Teig zugedeckt 2 Stunden kalt stellen und fest werden lassen.

3. Den Teig auf leicht bemehlter Fläche etwa 1/2 Zentimeter dick ausrollen. In 2 Zentimeter breite und etwa 20 Zentimeter lange Streifen schneiden, jeden Streifen vorsichtig und locker zu einem Knoten zusammenlegen.

4. Reichlich Öl zum Frittieren auf 180 °C erhitzen. Die Knoten darin portionsweise rundherum goldbraun ausbacken. Die fertigen Knoten mit einer Schaumkelle herausheben und auf Küchenpapier gut abtropfen lassen, mit Puderzucker bestauben und warm servieren.

Quark-Orangen-Bällchen

Für 8 Portionen

- 1 unbehandelte Orange
- 50 g weiche Butter oder Margarine
- 50 g Zucker
- 1 Päckchen Vanillezucker
- 1 Ei (Größe M)
- 250 g Quark (20 % Fett)
- 150 g Mehl
- 2 TL Backpulver
- 30 g Pistazienkerne

Außerdem:
- Fett zum Frittieren
- Zucker und Zimt

Zubereitungszeit
30 Minuten

Schnell angerührt ist der Teig für diese aromatischen Bällchen, und das Backen im heißen Öl geht ebenso rasch von der Hand. Genau richtig also für ein vergnügliches Faschingsfest.

1. Die Orange heiß waschen, abtrocknen und 2 Teelöffel der Schale abreiben. Butter oder Margarine mit Zucker, Vanillezucker, Orangenschale, Ei und Quark gründlich verrühren. Das Mehl mit dem Backpulver mischen und unter den Teig rühren. Die Pistazienkerne grob hacken und ebenfalls unterrühren.

2. Fett zum Frittieren auf 170 °C erhitzen. Mit zwei Teelöffeln einige kleine Klößchen vom Teig abstechen. Diese sofort in das heiße Fett geben und rundherum in 3 bis 4 Minuten hell-goldbraun ausbacken. Mit dem restlichen Teig ebenso verfahren.

3. Die fertigen Bällchen aus dem Fett heben und abtropfen lassen, auf Küchenpapier verteilen und so von überschüssigem Fett befreien. Noch warm in einer Mischung aus Zucker und etwas Zimt wenden und möglichst sofort servieren.

Tipp
Den Teig können Sie einige Stunden im Voraus anrühren und zugedeckt im Kühlschrank aufbewahren. Fertig gebackene Bällchen hingegen lassen sich nicht aufbewahren, sie schmecken nur frisch aus der Fritteuse so richtig gut.

Grüne Faschingsschlange

Eine Faschingsparty mit dieser Schlange wird bestimmt zum Renner. Die Form entsteht, indem ein Rührkuchenring halbiert und zum S zusammengesetzt wird. Die leichte, grün gefärbte Quarkcreme macht den Kuchen saftig und schmeckt erfrischend.

Für 16 Stücke

Für den Teig:
- 200 g weiche Butter oder Margarine
- 150 g Zucker
- 4 Eier (Größe M)
- 300 g Mehl
- 2 TL Backpulver
- 50 g Schokostreusel

Für die Creme:
- 500 g Speisequark (40 % Fett)
- 1 EL Limettensaft
- 50 g Puderzucker
- 1/2 Päckchen grüne Lebensmittelfarbe

Für die Dekoration:
- Weingummi
- 2 gelbe Smarties oder Sultaninen
- Dekorkonfetti

Außerdem:
- Fett und Mehl für die Form

Zubereitungszeit
50 Minuten
Backzeit
40 Minuten

1. Den Backofen auf 180 °C (Umluft 160 °C, Gas Stufe 2–3) vorheizen. Eine Springform mit Ringeinsatz (Rohrboden) von 26 Zentimeter Durchmesser fetten und mit Mehl ausstauben.

2. Butter oder Margarine mit dem Zucker schaumig schlagen, die Eier nacheinander unterrühren. Das Mehl mit dem Backpulver und den Schokostreuseln mischen und unter die Eiercreme rühren.

3. Den Teig in die Form füllen, darin glatt streichen und im Backofen auf der mittleren Schiene 40 Minuten backen. Den fertigen Kuchen aus dem Backofen nehmen, kurz in der Form abkühlen lassen, dann den Springformrand entfernen und den Kuchen zum Auskühlen auf ein Kuchengitter stürzen.

4. Den Quark mit Limettensaft und Puderzucker verrühren. Die Lebensmittelfarbe einrühren, bis der gewünschte Farbton erreicht ist.

5. Den Kuchen in 2 Halbmonde teilen. Für Kopf und Schwanz den Kuchen an den Enden ein wenig zurechtschneiden. Die beiden Kuchenhälften einmal waagrecht durchschneiden.

6. Etwa ein Drittel der Quarkcreme auf die beiden unteren Hälften streichen. Die Oberteile darauf setzen und alles auf einer Platte S-förmig zur Schlange zusammensetzen. Die restliche Creme auf der Oberfläche gleichmäßig verstreichen.

7. Weingummi als Schlangenzunge und Mund ausschneiden und am Kopf andrücken. Mit den Smarties oder Sultaninen die Augen markieren. Den Schlangenkörper mit Dekorkonfetti bestreuen.

Tipp
Für viele Mitesser und einen tollen Anblick die Schlange in doppelter Länge zubereiten. Dafür aus der doppelten Teigmenge 2 Ringe backen und später die 4 Halbmonde hintereinander setzen. Das Rezept für die Creme dann natürlich auch verdoppeln. Zum Servieren ein etwa 80 Zentimeter langes Holzbrett mit Alufolie oder grüner Goldfolie (Bastelgeschäft) überziehen und die Schlange darauf legen.

Dekoidee
Damit die Schlange nicht auf einer kahlen Platte liegt, rundherum ein Nest aus essbaren Gummischnüren formen.

Küchentipp
Wenn Sie für Ihre Springform keinen Ringeinsatz haben, können Sie ein rundes feuerfestes Gefäß von ungefähr 10 Zentimeter Durchmesser umgedreht in die Mitte der Form setzen.

Tipp
Falls Sie kein Dekorkonfetti bekommen, können Sie auch buntes Esspapier in kleine konfettiähnliche Stückchen reißen.

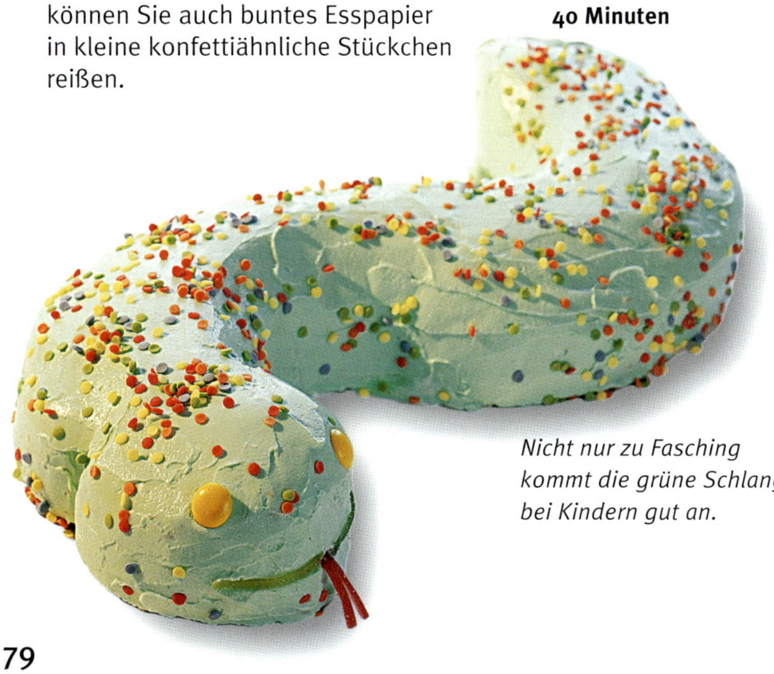

Nicht nur zu Fasching kommt die grüne Schlange bei Kindern gut an.

Valentins-Mandelherz

Für etwa 10 Stücke

- Fett und feine Semmelbrösel für die Form
- 150 g weiche Butter
- 2 Eier
- 100 g Zucker
- 10 Tropfen Bittermandelöl
- 75 g gemahlene Mandeln
- 150 g Mehl
- 1 gehäufter TL Backpulver
- 100 g weiße Kuchenglasur
- 40 g Mandelblättchen

Zubereitungszeit
30 Minuten
Backzeit
45 Minuten

Dieses süße Herz backt man am besten für Menschen, die einem besonders am Herzen liegen: für den Liebsten oder die Liebste zum Valentinstag, für Oma oder Mama zum Geburtstag oder zum Muttertag.

1. Den Backofen auf 200 °C (Umluft 180 °C, Gas Stufe 3–4) vorheizen. Eine Metallherzform (etwa 800 Milliliter Inhalt) sorgfältig mit Butter oder Margarine ausstreichen und mit den Semmelbröseln ausstreuen.

2. Die weiche Butter mit dem Handrührgerät schaumig rühren. Eier und Zucker hinzufügen und die Masse cremig rühren. Bittermandelöl und Mandeln unterrühren. Das Mehl mit dem Backpulver mischen und ebenfalls unterrühren.

3. Den Teig in die Form füllen, glatt streichen und im Backofen auf der mittleren Schiene etwa 45 Minuten backen. Den Kuchen herausnehmen und in der Form einige Minuten abkühlen lassen. Dann das Herz stürzen, auf ein Kuchengitter setzen und völlig auskühlen lassen.

4. Die Kuchenglasur laut Packungsbeschreibung schmelzen lassen und auf das Herz streichen. Die gehobelten Mandeln zügig darauf verteilen und andrücken.

Tipp
Besonders edel sieht das Valentins-Mandelherz aus, wenn Sie es mit ein paar gezuckerten Rosenblättern verzieren. Dann die Mandelblättchen nur am Rand des Herz' andrücken.

Bild rechts: Valentins-Mandelherz

Baiser-Herzen mit Himbeersahne

Für 8 Stück

- 4 Eiweiß (Größe M)
- 200 g Puderzucker
- 1 TL Speisestärke
- 150 g tiefgekühlte Himbeeren
- 1 Päckchen Vanillezucker
- 2 Messlöffel Biobin (pflanzliches Bindemittel)
- 250 g Sahne
- einige Blättchen Zitronenmelisse

Zubereitungszeit
30 Minuten
Backzeit
90 Minuten

Süße Herzen aus Baisermasse, mit Himbeersahne gefüllt und zusätzlich mit liebesroten Himbeeren verziert – auf schönere Art können Sie Ihren Freunden den Valentinstag kaum versüßen.

1. Den Backofen auf 100 °C (Umluft 80 °C, Gas niedrigste Stufe) vorheizen. Ein Backblech mit Backpapier auslegen.

2. Eiweiß zu steifem Schnee schlagen, dabei gegen Ende nach und nach den Puderzucker einrieseln lassen. Der Eischnee muss schnittfest sein. Zuletzt die Speisestärke darüber stauben und unterziehen.

3. Den Eischnee in einen Spritzbeutel mit mittelgroßer Sterntülle füllen. Damit etwa 8 Zentimeter große Herzen auf das Backblech spritzen. Rundherum kleine Tupfen auf die Herzen spritzen. Die Herzen im Backofen etwa 90 Minuten trocknen lassen, dabei einen Kochlöffelstiel zwischen Ofentür und Ofen stecken, damit Feuchtigkeit entweichen kann. Die fertigen Herzen herausnehmen und auskühlen lassen.

4. Die Himbeeren auftauen lassen. Einige Früchte zum Garnieren beiseite stellen, die restlichen zerdrücken, durch ein Sieb streichen und mit Vanillezucker und Biobin verrühren. Die Sahne steif schlagen und unterheben. Die Masse 5 Minuten ruhen lassen, dann in die Baisertörtchen füllen, diese mit Himbeeren und Zitronenmelisse garnieren.

Erdbeer-Joghurt-Torte zum Osterfest

Für 12 Stücke

Für den Boden und den Rand:
- **200 g Löffelbiskuits (1 Packung)**

Für die Creme:
- **12 Blatt weiße Gelatine**
- **500 g Erdbeeren**
- **120 g Zucker**
- **500 g Naturjoghurt (3,5 % Fett)**
- **250 g Magerquark**
- **250 g Mascarpone**

Für die Verzierung:
- **12 Schokoladen-Ostereier oder andere Osterdeko**

Zubereitungszeit
25 Minuten
Kühlzeit
über Nacht

Kühl und joghurtfrisch kommt diese Torte auf den Tisch – und Sie brauchen dafür nicht einmal einen Backofen. Allerdings sollten Sie die Torte am Vortag zubereiten – die Erdbeercreme muss über Nacht im Kühlschrank ruhen.

1. Einen Springformrand von 26 Zentimeter Durchmesser auf eine Tortenplatte setzen. Den Boden dicht mit Löffelbiskuits (Zuckerseite nach unten) auslegen, dafür einige Biskuits entsprechend der Lücken in Stücke teilen. Die restlichen Biskuits halbieren und vorsichtig mit der Rundung nach oben und der Zuckerseite nach außen an den Springformrand stellen. Die Gelatine nach Packungsangabe in reichlich kaltem Wasser einweichen.

2. Die Erdbeeren waschen und putzen. 12 kleine schöne Früchte zum Garnieren für den nächsten Tag auf einen Teller legen, mit Folie bedecken und kalt stellen. Die restlichen Erdbeeren mit dem Zucker in eine hohe Schüssel geben und fein pürieren.

3. Joghurt, Quark und Mascarpone in einer Schüssel gründlich verrühren. Die Gelatine tropfnass in eine Schüssel oder eine große Tasse geben und darin im warmen Wasserbad oder in der Mikrowelle auflösen. Etwas von dem Erdbeerpüree unterrühren, dann diese Mischung mit einem Schneebesen unter das übrige Erdbeerpüree mischen. Das Püree gleichmäßig unter die Joghurtmischung rühren.

4. Die Creme vorsichtig auf den Biskuitboden gießen und verteilen, die Biskuits am Rand dürfen nicht umfallen. Den Kuchen über Nacht (mindestens 8 Stunden) in den Kühlschrank stellen, bis die Creme schnittfest ist.

5. Vor dem Servieren die beiseite gestellten Erdbeeren außen auf die Torte legen, um die 12 Stücke zu markieren. Mit den Ostereiern einen inneren Ring legen. Den Springformrand vorsichtig entfernen und die Torte sofort servieren.

Tipp
Übrig gebliebene Stücke unbedingt im Kühlschrank aufbewahren.

Erdbeer-Joghurt-Torte zubereiten

1. An den Rand der Form halbierte Biskuits mit der Zuckerseite nach außen stellen.

2. Das mit Gelatine angerührte Erdbeerpüree unter die Joghurtmischung rühren.

3. Die Erdbeercreme vorsichtig auf den Biskuitboden geben und glatt streichen.

Bunter Osterkranz

Für ein gemütliches Osterfrühstück im Kreis der Familie ist dieser raffinierte Hefekranz genau richtig. Sie können ihn am Abend formen, über Nacht im Kühlschrank ruhen lassen und morgens noch rasch in den Backofen schieben.

1. Mehl, Weizenkleie, Trockenhefe, Jodsalz und Zucker in einer großen Schüssel vermengen. Die Milch dazugießen und alles zu einem glatten, geschmeidigen Teig verkneten.

2. Walnüsse und Pistazienkerne getrennt fein hacken. Den Hefeteig auf leicht bemehlter Arbeitsfläche kurz durchkneten und in drei Portionen teilen. Eine Teigportion mit den Walnüssen, eine mit den Pistazienkernen und eine mit Zitronenzucker und Safran verkneten.

3. Die Teigportionen zu 50 bis 60 Zentimeter langen Strängen formen. Die Stränge zu einem Zopf flechten, diesen zum Kranz schließen und auf ein Brett setzen. Locker mit Folie abdecken und über Nacht im Kühlschrank ruhen lassen.

4. Am nächsten Morgen den Kranz aus dem Kühlschrank nehmen und auf ein mit Backpapier belegtes Backblech setzen. Den Backofen auf 200 °C (Umluft 180 °C, Gas Stufe 3–4) vorheizen.

5. Den Kranz mit verquirltem Eigelb bestreichen und im Backofen auf der mittleren Schiene etwa 25 Minuten backen.

Tipp

Der Kranz schmeckt frisch gebacken am besten. Sie können ihn aber auch gut einfrieren und bei Bedarf im nur ganz leicht aufgeheizten Backofen auftauen und zugleich aufbacken.

Abwechslung auf dem Frühstückstisch: Der Hefeteig wird mit Walnüssen, Pistazien und Safran eingefärbt und dann geflochten.

Für etwa 20 Stücke

- **500 g Mehl**
- **4 EL Weizenkleie**
- **1 Päckchen Trockenhefe**
- **1 Prise Jodsalz**
- **4 EL Zucker**
- **ca. 320 ml Milch**
- **50 g Walnusskerne**
- **50 g Pistazienkerne**
- **1 Päckchen Zitronenzucker**
- **1 kräftige Prise gemahlener Safran**

Außerdem:

- **Mehl zum Bearbeiten**
- **1 Eigelb zum Bestreichen**

Zubereitungszeit
45 Minuten
Ruhezeit
über Nacht
Backzeit
25 Minuten

Kühle Himbeerschnecke mit Wackelpudding

Für 12 Stücke

Für den Wackelpudding:
- **1 Tütchen Pulver für grüne Götterspeise (für 1/2 l Wasser)**
- **Zucker nach Packungsangabe**

Für die Füllung:
- **300 g tiefgekühlte Himbeeren**
- **400 g Sahne**
- **60 g Zucker**

Für den Teig:
- **5 Eier (Größe L)**
- **1 Prise Jodsalz**
- **150 g Zucker**
- **125 g Mehl**
- **2 EL Speisestärke**

Außerdem:
- **Mehl für das Tuch**

Kühlzeit
über Nacht
Zubereitungszeit
60 Minuten
Backzeit
15 Minuten

Wer ein bisschen Pep in die Kaffeeklatschrunde bringen möchte, liegt mit dieser trendigen Torte genau richtig. Wichtig: Den Wackelpudding müssen Sie unbedingt einen Tag im Voraus zubereiten.

1. Die Götterspeise nach der Packungsanleitung für gewürfelte oder gestürzte Götterspeise kochen, in eine flache Schale füllen und über Nacht im Kühlschrank fest werden lassen.

2. Am nächsten Tag die Himbeeren auftauen lassen. Den Backofen auf 180 °C (Umluft 160 °C, Gas Stufe 2–3) vorheizen. Ein Backblech mit Backpapier auslegen.

3. Die Eier trennen. Eiweiß mit dem Salz zu steifem Schnee schlagen. In einer anderen Schüssel die Eigelbe mit Zucker und 4 Esslöffel warmem Wasser hellcremig aufschlagen. Den Eischnee darauf geben. Mehl und Stärke mischen, über den Eischnee streuen und alles vorsichtig vermengen. Den Biskuitteig gleichmäßig auf dem Backblech verstreichen und im Backofen auf der mittleren Schiene 15 Minuten backen.

4. Den Kuchen kurz auf dem Backblech abkühlen lassen, dann auf ein dünn mit Mehl bestreutes Küchentuch stürzen. Mit Hilfe des Tuches von einer Schmalseite beginnend vorsichtig aufrollen und noch etwa 30 Minuten auskühlen lassen.

5. Die Sahne steif schlagen, den Zucker einrieseln lassen. 12 schöne Himbeeren zum Dekorieren beiseite legen. Die restlichen Beeren auf einem Brett mit einem großen Messer etwas zerkleinern. Ein Drittel der Sahne beiseite stellen, den Rest mit den zerkleinerten Himbeeren mischen.

6. Den Biskuit wieder zur Platte auseinander rollen, die Himbeersahne darauf verstreichen. Den Teig in 6 Zentimeter breite, lange Streifen schneiden. Einen Teigstreifen aufrollen und flach (wie eine Schnecke) auf eine Kuchenplatte legen. Nacheinander alle Streifen um diese Schnecke wickeln, bis eine große Schnecke entstanden ist. Die restliche Sahne am Rand verstreichen.

7. Die Form mit der Götterspeise kurz in heißes Wasser stellen, dann auf ein Brett stürzen und klein würfeln. Etwa ein Drittel auf die Oberfläche der Schnecke streuen und ein Drittel der Würfel an den Rand in die Sahne drücken. Den Rest rund um die Torte herum auf der Platte verteilen. Mit den übrigen Himbeeren die einzelnen Tortenstücke markieren.

Wenn gerade Saison ist, verwenden Sie statt tiefgekühlter frische Himbeeren. Diese können Sie auf die gleiche Weise verarbeiten.

Fruchtiger Erntedank-Kuchen

Dieser große Blechkuchen ist genau richtig für viele Gäste: Unter einem Sauerrahmguss verstecken sich Birnen, Äpfel, Pflaumen und Walnüsse, und die Haferflocken im Rührteig verleihen dem Boden einen zart-nussigen Geschmack.

Für 20 Stücke

Für den Guss:
- 400 g saure Sahne
- 2 EL Zitronensaft
- 2 Eier (Größe M)
- 50 g Zucker

Für den Teig:
- 250 g weiche Butter oder Margarine
- 250 g Zucker
- 2 Päckchen Vanillezucker
- 4 Eier (Größe M)
- 250 g Mehl
- 100 g zarte Haferflocken
- 2 TL Backpulver
- 1 Prise Salz
- 50 ml Milch

Für den Belag:
- 200 g Äpfel
- 200 g Birnen
- 250 g Pflaumen
- 100 g Walnusskerne

Zubereitungszeit
35 Minuten
Backzeit
35–40 Minuten

1. Den Backofen auf 200 °C (Umluft 180 °C, Gas Stufe 3–4) vorheizen. Ein tiefes Backblech mit Backpapier auslegen.

2. Für den Guss die saure Sahne mit Zitronensaft, Eiern und Zucker in einer Schüssel verrühren.

3. Für den Teig Butter oder Margarine mit Zucker und Vanillezucker in einer Rührschüssel mit den Quirlen des elektrischen Handrührers schaumig schlagen. Die Eier nacheinander unterrühren. Mehl, Haferflocken, Backpulver und Salz mischen und zusammen mit der Milch unter die Zuckercreme rühren. Den Teig gleichmäßig auf dem Backblech verstreichen.

4. Äpfel und Birnen schälen, vierteln und entkernen. Die Pflaumen waschen, halbieren und entsteinen. Das gesamte Obst in etwa 1/2 Zentimeter dicke Spalten schneiden. Abwechselnd in etwa 5 Zentimeter breiten Streifen auf den Teig legen, dabei zwischen den Obstsorten eine schmale Reihe mit Walnusskernen legen. Sofort den Guss darüber verteilen.

5. Den Kuchen im Backofen auf der mittleren Schiene in 35 bis 40 Minuten goldgelb backen. Auf dem Backblech auskühlen lassen.

Wintervariante

Diesen Kuchen können Sie natürlich im Winter auch nur mit Äpfeln, Birnen und Walnüssen backen.

Bunt wie der Herbst: Der Blechkuchen ist mit Äpfeln, Birnen, Pflaumen und Walnusskernen belegt.

Halloween-Spidercake

Halloween kennt heute jedes Kind. Und viele Menschen feiern dieses Fest mit schrillen Kostümen, Furcht erregenden Dekorationen und ausgefallenen Speisen. Vielleicht wird der Spinnenkuchen ja der Hit bei Ihrer nächsten Gruselparty.

1. Den Backofen auf 200 °C (Umluft 180 °C, Gas Stufe 3–4) vorheizen. Den Boden einer Springform von 22 Zentimeter Durchmesser mit Backpapier auslegen.

2. Eventuell lose Häutchen von den Walnusskernen abziehen. Die Nüsse in einer Käse- bzw. Nussreibe fein reiben. Den Zwieback in einer Küchenmaschine mit dem Schlagmesser fein zerkleinern. Die Möhren waschen, putzen und auf einer Rohkostreibe fein raspeln.

3. Die Eier trennen. Eiweiß zusammen mit dem Salz zu steifem Schnee schlagen. Eigelbe, 4 Esslöffel Orangensaft, Orangenschale und Zucker in einer Rührschüssel mit den Quirlen eines Handrührers in etwa 5 Minuten hell-schaumig schlagen. Den Eischnee darauf setzen.

4. Walnüsse, Möhren, Zwiebackkrümel, Mehl und Backpulver gründlich vermengen und über den Eischnee streuen. Alle Zutaten vorsichtig mit einer großen Gabel verrühren.

5. Den Teig in die vorbereitete Form füllen, glatt streichen und im Backofen auf der mittleren Schiene 45 bis 50 Minuten backen. Den fertigen Kuchen herausnehmen und in der Form etwa 10 Minuten abkühlen lassen. Dann den Springformrand vorsichtig lösen, den Kuchen auf ein Kuchengitter stürzen und völlig auskühlen lassen. Mit einem Holzspieß einige Male in den Kuchen stechen. Den restlichen Orangensaft darüber träufeln und einziehen lassen.

6. Für die Verzierung die Butter schmelzen und abkühlen lassen, dann mit Frischkäse, Puderzucker und Lebensmittelfarbe gründlich verrühren und mit einer Palette oder einem breiten Messer auf dem Kuchen verstreichen. Den Kuchen mindestens 60 Minuten kalt stellen.

7. Die Kuchenglasur laut Packungsbeschreibung schmelzen lassen und daraus ein Spinnennetz auf den Kuchen spritzen. Die Kunststoffspinne darauf setzen und den Kuchen nochmals mindestens 60 Minuten kalt stellen.

Küchentipps

Die Walnüsse müssen frisch und von einwandfreier Qualität sein, sonst schmeckt der Kuchen nicht. Aber auch gemahlene Mandeln oder Haselnüsse eignen sich. Wenn Sie keine orange Lebensmittelfarbe bekommen, können Sie auch rote und gelbe flüssige Lebensmittelfarbe mischen. Die Dosierung richtet sich nach der gewünschten Farbintensität.

Für etwa 16 Stücke

Für den Teig:
- 150 g frische Walnusskerne
- 50 g Vollkornzwieback (ca. 6 Stück)
- 150 g Möhren
- 3 Eier (Größe M)
- 1 Prise Jodsalz
- Saft und abgeriebene Schale von 1 unbehandelten Orange
- 150 g Zucker
- 50 g Mehl
- 2 TL Backpulver

Für die Verzierung:
- 70 g Butter
- 100 g Frischkäse
- 70 g Puderzucker
- 2 Päckchen orange Lebensmittelfarbe (Pulver)
- etwas dunkle Schokoladenglasur
- eine Spinne aus Kunststoff

Zubereitungszeit
50 Minuten
Backzeit
45–50 Minuten
Kühlzeit
2 Stunden

Der witzige Spinnenkuchen wird bei der nächsten Halloweenparty Furore machen.

Amerikanischer Kürbiskuchen

Für 12 Stücke

Für den Teig:
- 250 g Mehl
- 1 TL brauner Zucker
- 100 g kalte Butter oder Margarine
- 1 Ei (Größe M)
- 2 EL Obstessig

Für die Füllung:
- 400 g Kürbisfleisch (geputzt gewogen; etwa 700 g mit Schale)
- 150 g Sahne
- 100 ml Milch
- 150 g brauner Zucker
- 1/8 TL gemahlener Zimt
- je 1 Messerspitze gemahlene Nelken und gemahlener Ingwer
- 3 Eier (Größe M)

Außerdem:
- Mehl zum Bearbeiten

Zubereitungszeit
45 Minuten
Ruhezeit
60 Minuten
Backzeit
60 Minuten

Halloween, das bunte Gruselfest, ist seit einigen Jahren auch bei uns der Renner. Ob mit oder ohne Masken, ob gemütliches Zusammensein oder rauschende Party, der amerikanische Kürbis-Kuchen-Klassiker darf dabei nicht fehlen.

1. Für den Teig das Mehl mit dem Zucker mischen. Die Butter oder Margarine in kleine Stücke schneiden und ebenso wie das Ei, den Obstessig und 3 Esslöffel eiskaltes Wasser dazugeben. Alles rasch zu einem glatten Teig verkneten, dabei eventuell noch etwas Wasser dazugeben. Den Teig zugedeckt 60 Minuten im Kühlschrank ruhen lassen.

2. Inzwischen für die Füllung das Kürbisfleisch würfeln, mit 100 Milliliter Wasser in einen Topf geben und zugedeckt in etwa 15 Minuten weich kochen. Das Kürbisfleisch in einem Sieb sehr gut abtropfen lassen, dann gründlich mit den übrigen Zutaten für die Füllung verrühren.

3. Den Backofen auf 200 °C (Umluft 180 °C, Gas Stufe 3–4) vorheizen. Eine 24 bis 26 Zentimeter große Springform fetten.

4. Den Mürbeteig zwischen zwei Lagen Klarsichtfolie zu einem dünnen Kreis ausrollen, die Form damit auskleiden. Den Boden mit einer Gabel mehrfach einstechen. Die Kürbiscreme darauf gießen und den Kuchen im Backofen auf der mittleren Schiene etwa 60 Minuten backen.

5. Den fertigen Kuchen aus dem Backofen nehmen und in der Form kurz abkühlen lassen. Dann den Springformrand ablösen und den Kuchen zum Abkühlen auf ein Kuchengitter stellen.

Tipp
Schneller geht's, wenn Sie eine Packung fertigen gekühlten Mürbeteig verwenden.

Kürbis schmeckt auch süß hervorragend. Perfekt ist der Kuchengenuss, wenn halbsteif geschlagene Sahne dazu gereicht wird.

Silvester-Glücksschweinchen

Diese ungewöhnlichen Krapfen sind lustig anzusehen und sorgen geschmacklich für Überraschung. Vanille und Zitrone verleihen ihnen ein wenig Leichtigkeit. Die Schweinchen sind übrigens auch ein prima Faschingsgebäck.

1. Mehl, Vanillezucker, Zucker, Hefe, Salz und Zitronenschale in einer großen Rührschüssel mischen. Ei, Butter und Milch mit den Knethaken des elektrischen Handrührers darunter arbeiten. Den Teig dann noch einige Minuten mit den Händen kneten, bis er schön geschmeidig ist. Die Schüssel abdecken, den Teig an einem warmen Ort 60 Minuten gehen lassen.

2. Den Teig auf einer leicht bemehlten Arbeitsfläche etwa fingerdick ausrollen. Mit einer Ausstechform (etwa 10 Zentimeter lang) Schweine ausstechen. Teigreste zusammenkneten, erneut ausrollen und weitere Schweine ausstechen.

3. Die Schweine auf ein Brett oder Backblech legen, mit einem Tuch abdecken und an einem warmen Ort noch etwa 15 Minuten gehen lassen.

4. Inzwischen den Zucker auf einen tiefen Teller geben und das Fett in der Fritteuse auf etwa 170 °C erhitzen. Die Schweinchen darin portionsweise von jeder Seite 1 1/2 bis 2 Minuten frittieren. Die fertigen Schweinchen mit einer Schaumkelle herausheben und auf Küchenpapier gut abtropfen lassen, dann im Zucker wälzen und zum Abkühlen auf ein Kuchengitter legen.

Kochpraxis: Frittieren

Wer in einem Topf frittieren will, prüft die Hitze so: Den Stiel eines Holzkochlöffels ins heiße Fett halten. Steigen sofort Bläschen hoch, ist es heiß genug.

Für etwa 26 Stück

Für den Teig:
- 400 g doppelgriffiges Mehl
- 1 Päckchen Vanillezucker
- 50 g Zucker
- 1 Päckchen Trockenhefe
- 1 Prise Jodsalz
- abgeriebene Schale von 1 unbehandelten Zitrone
- 1 Ei (Größe M)
- 80 g sehr weiche Butter
- 150 ml lauwarme Milch

Außerdem:
- Mehl zum Ausrollen
- 100 g Zucker
- Fett zum Frittieren

Zubereitungszeit
60 Minuten
Ruhezeit
1 Stunde 15 Minuten

Die süßen ausgebackenen Schweinchen sind fast zu schade zum Vernaschen.

Buntes Käpt'n-X-Bär-Schiff

Für etwa 18 Stücke

- **1 Packung Rührteigmischung nach Wahl, z. B. Haselnusskuchen, Schokoladenkuchen oder Marmorkuchen (ca. 400–430 g)**
- **weitere Zutaten laut Packungsangabe**
- **150 dunkle Schokoladenglasur**
- **8 Weingummiringe**
- **bunte Schokolinsen**
- **Kapitän und andere Figuren aus Weingummi, Zuckerguss, Kunststoff oder als Papiersticker**
- **1 Blatt farbiges Papier (DIN A4)**
- **2 Holzspieße**

Außerdem:

- **weiche Butter oder Margarine für die Form**
- **2 EL feine Semmelbrösel für die Form**

Zubereitungszeit
40 Minuten
Backzeit
50–55 Minuten
Kühlzeit
60 Minuten

Ob Kindergeburtstag oder Sommerfest – dieses Schiff kommt immer an. Es ist nicht nur optisch, sondern auch geschmacklich ein Hit. Unter der Schokoglasur verbirgt sich ein Rührkuchen Ihrer Wahl. Und mit einer Backmischung geht alles ganz fix.

1. Den Backofen auf 200 °C (Umluft 180 °C, Gas Stufe 3–4) vorheizen. Eine Kastenform von 27 Zentimeter Länge mit Butter oder Margarine ausstreichen und mit den Semmelbröseln ausstreuen.

2. Die Backmischung nach Packungsangabe anrühren, in die vorbereitete Form füllen und im Backofen auf der mittleren Schiene 50 bis 55 Minuten backen. Den Kuchen nicht, wie empfohlen, mit einem Messer einschneiden. Er soll möglichst wenig aufbrechen.

3. Den Kuchen aus dem Backofen nehmen und einige Minuten in der Form abkühlen lassen. Dann den Kuchen vorsichtig vom Rand der Form lösen, herausstürzen, auf ein Kuchengitter setzen und völlig auskühlen lassen.

4. Die Schokoladenglasur laut Packungsangabe schmelzen lassen. Den Kuchen auf ein Brett legen und mit einem großen Messer oben gerade schneiden. (Die Kuchenabschnitte dürfen die Kinder gleich essen.)

5. Den Bug des Schiffes spitz zuschneiden. Die zwei anfallenden Kuchenabschnitte so zusammensetzen, dass daraus eine Kajüte entsteht. Diese mit etwas Kuchenglasur erst zusammen- und dann auf dem Heck des Schiffes festkleben.

6. Das gesamte Schiff mit Kuchenglasur überziehen. Die Weingummiringe als Bullaugen mit etwas Glasur aufkleben, zusätzlich bunte Schokolinsen als Verzierung anbringen. Matrosen und Kapitän auf Deck postieren. Alles mit Hilfe von Schokoladenglasur fixieren.

7. Aus dem Papier ein großes und ein kleines Segel schneiden. Beide auf je einen Holzspieß aufziehen und auf das Schiff stecken. Das fertige Schiff etwa 60 Minuten kühl stellen (nicht in den Kühlschrank).

Wenn das kleine Boot erst einmal »seetüchtig« ist, ist die Zeit für die Kuchengabeln gekommen ...

Küchentipp
Die Schokoladenglasur verteilt sich am besten, wenn der Kuchen schon etwas fester geworden ist. Backen Sie den Rührkuchen deshalb am Vortag und lassen Sie ihn über Nacht ruhen.

Verziertipp
Den von allen Kids geliebten Käpt'n Blaubär aus der »Sendung mit der Maus« gibt es auch als Weingummifiguren. Wenn Sie diese Figuren nicht bekommen, verwenden Sie andere Verzierungen. Oder Sie »bemannen« das Schiff mit Gummibärchen.

Drink Sweet

Wiegen-Torte zur Geburt

Für etwa 12 Stücke

Für den Biskuit:
- **40 g weiße Kuvertüre**
- **4 Eier (Größe M)**
- **125 g Zucker**
- **125 g Mehl**
- **2 EL Kakaopulver**

Für die Creme:
- **8 Blatt weiße Gelatine**
- **3 Limetten**
- **4 Eigelbe (Größe M)**
- **150 g Zucker**
- **400 g Buttermilch**
- **400 g Sahne**

Zum Garnieren:
- **200 g Sahne**
- **1 Päckchen Vanillezucker**
- **Schokoladenraspel**

Zubereitungszeit
60 Minuten
Kühlzeit
60 Minuten und über Nacht
Backzeit
30 Minuten

Sie möchten die jungen Eltern mit einer süßen Überraschung beglücken? Diese raffinierte und doch einfach zuzubereitende Torte ist garantiert das ungewöhnlichste Geschenk für die gewachsene Familie.

1. Aus Backpapier einen 26 Zentimeter großen Kreis ausschneiden. Eine einfache Wiege darauf aufzeichnen. Den Boden einer entsprechend großen Springform damit auslegen.

2. Die weiße Kuvertüre hacken und in einer kleinen Schüssel über einem warmen Wasserbad oder in der Mikrowelle schmelzen lassen. In einen kleinen Spritzbeutel füllen, die vorgezeichnete Wiege auf dem Backpapier damit nachzeichnen. Die Form mindestens 60 Minuten kalt stellen, bis die Kuvertüre fest geworden ist.

3. Den Backofen auf 180 °C (Umluft 160 °C, Gas Stufe 2–3) vorheizen. Die Eier trennen, Eiweiß zu steifem Schnee schlagen. Eigelbe mit dem Zucker und 4 Esslöffel warmem Wasser hell-cremig aufschlagen. Den Eischnee darauf setzen, Mehl und Kakaopulver darüber sieben, alles locker unterheben. Den Teig sofort in die vorbereitete Springform füllen und im Backofen auf der mittleren Schiene etwa 30 Minuten backen.

4. Den fertigen Biskuit einige Minuten in der Form ruhen lassen, dann den Springformrand vorsichtig lösen, den Boden auf ein Kuchengitter stürzen und das Backpapier vorsichtig abziehen. Der dunkle Biskuitboden zeigt jetzt ein weißes Schokoladenmuster. Den Boden vollständig auskühlen lassen.

5. Für die Creme die Gelatine 5 bis 10 Minuten in reichlich kaltem Wasser einweichen. Die Limetten heiß abwaschen und trockenreiben. Die Schale fein abreiben, den Saft auspressen.

6. Die Eigelbe und den Zucker hell-cremig schlagen, dann den Limettensaft, die Limettenschale und die Buttermilch unterrühren. Die Gelatine tropfnass in einen Topf geben, bei schwacher Hitze auflösen und unter die Creme rühren. Die Creme kalt stellen, bis sie zu gelieren beginnt, dann die Sahne steif schlagen und unterheben.

7. Den Biskuitboden quer halbieren. Die untere Hälfte auf eine Tortenplatte legen, einen Tortenring darum befestigen. Die Limettencreme einfüllen, den zweiten Biskuitboden mit dem Schokoladenmuster nach oben auflegen. Die Torte über Nacht kalt stellen.

8. Zum Servieren den Tortenring vorsichtig lösen. Die Sahne steif schlagen, mit Vanillezucker süßen und dünn an den Rand der Torte streichen, Schokoladenraspel andrücken. Die Torte eventuell zusätzlich mit Sahnetupfen und Schokoraspeln verzieren.

Tipp
Schneller geht es, wenn Sie einen gewöhnlichen Biskuit backen oder sogar fertig gekaufte Tortenböden verwenden. Zum Verzieren Kuvertüre schmelzen lassen, in einen kleinen Spritzbeutel geben und daraus eine Wiege auf die Biskuitoberfläche spritzen.

Kunterbuntes Clownsgesicht

Ob zu Fasching oder zum Kindergeburtstag, das lustige Clownsgesicht macht Kindern Spaß – beim Verzieren ebenso wie beim Essen. Stellen Sie Schüsselchen mit bunter Zuckerdeko bereit und lassen Sie Ihre Jüngsten selbst ans Werk.

1. Den Boden auf eine Kuchenplatte legen und mit Orangensaft beträufeln.

2. Quark, Vanillezucker, Zucker und Orangenaroma gut miteinander verrühren. Die Sahne steif schlagen und unter die Quarkmischung ziehen. Die Gelatine einrieseln lassen und gleichmäßig darunter rühren.

3. Den Großteil der Quark-Sahne-Masse auf den Boden geben und mit einer Palette oder einem großen Messer glatt streichen. Mit der restlichen Masse die Ränder des Bodens bestreichen. Den Kuchen mindestens 60 Minuten kalt stellen.

4. Die Zutaten zum Verzieren bereitstellen und zusammen mit den Kindern dem Kuchen nach Lust und Laune ein buntes Clownsgesicht geben. Danach können Sie den Kuchen gleich servieren.

Dekotipps

Betrachten Sie die gezeigte Verzierung nur als Anregung – natürlich gibt es viele Möglichkeiten. So können Sie beispielsweise nur mit bunten Schokolinsen und Zuckerschrift arbeiten. Vielleicht haben Ihre Kinder ja besondere Vorlieben und ihre ganz eigenen Ideen.
Es ist wichtig, dass Sie den Kuchen erst nach dem Kühlen und kurz vor dem Servieren verzieren. Denn leider zerlaufen die Farben nach einiger Zeit auf der feuchten Quark-Sahne-Masse.

Für etwa 16 Stücke

Für den Kuchen:

- **1 fertiger Obstkuchenboden aus Mürbeteig (24 Zentimeter Durchmesser)**
- **100 ml frisch gepresster Orangensaft**
- **500 g Magerquark**
- **1 Päckchen Vanillezucker**
- **50 g Zucker**
- **1 Päckchen Orangenaroma**
- **300 g Sahne**
- **4 EL Sofortgelatine (siehe Küchentipp Seite 21)**

Zum Verzieren:

- **2 blaue Zuckerblumen (für die Augen)**
- **1 rote Zuckerblume (für die Nase)**
- **einige rote Schokolinsen (für den Mund)**
- **rote, grüne und gelbe Zuckerschrift aus der Tube (für die Haare)**
- **buntes Zuckerkonfetti (für die Wangen)**

Zubereitungszeit
30 Minuten
Kühlzeit
60 Minuten

Ein fertiger Obstboden wird mit Orangenquark bestrichen und dann – am liebsten von den Kleinen – bunt verziert.

Karamelltorte für Opas 65. Geburtstag

Diese raffinierte Torte gefällt Opa garantiert ebenso gut wie dem Rest der Familie. Nicht nur die Creme schmeckt nach Karamell, sondern auch der Tortenboden, für den Karamellbonbons geschmolzen und unter den Biskuitteig gemixt werden.

1. Karamellbonbons mit der Milch in einen kleinen Topf geben und unter Rühren bei mittlerer Hitze schmelzen und dann lauwarm abkühlen lassen, dabei gelegentlich umrühren.

2. Den Backofen auf 180 °C (Umluft 160 °C, Gas Stufe 2–3) vorheizen. Den Boden einer Springform von 26 Zentimeter Durchmesser fetten.

3. Die Eier trennen. Eiweiß mit Salz zu steifem Schnee schlagen und kurz beiseite stellen. Die Eigelbe mit Zucker hellcremig aufschlagen. Die Karamellmasse unterrühren.

4. Das Mehl mit dem Backpulver mischen, zusammen mit dem Eischnee zur Eigelbcreme geben und alles vorsichtig miteinander vermengen. Den Teig in die Form geben, darin glatt streichen und im Backofen auf der mittleren Schiene etwa 30 Minuten backen. Den fertigen Kuchen aus dem Backofen nehmen und auskühlen lassen.

5. Inzwischen den Karamellpudding nach Packungsanleitung, jedoch nur mit insgesamt 3/4 Liter Milch, und dem Zucker zubereiten. Den Karamellpudding dann im kalten Wasserbad unter ständigem Rühren auf Zimmertemperatur abkühlen lassen.

6. Die Butter schaumig rühren, löffelweise den Pudding unterrühren. Die Birnen abtropfen lassen. 2 kleine Hälften zum Verzieren beiseite legen, die restlichen Birnenhälften in dünne Spalten schneiden und beiseite stellen.

7. Den Tortenboden zweimal quer durchschneiden. Den untersten Boden auf eine Platte legen, mit einem Drittel der Creme bestreichen. Den zweiten Boden darauf setzen, dünn mit Creme bestreichen und mit Birnenspalten belegen. Nochmals Creme darauf streichen, so dass noch etwa ein Drittel übrig bleibt.

8. Den letzten Boden darauf setzen. Die restliche Creme oben und am Rand verstreichen. Die beiden übrigen Birnenhälften jeweils in 6 Spalten schneiden. Wie Schiffchen auf die Torte stellen, so dass die 12 Stücke markiert werden. Die Torte mindestens 3 Stunden (am besten über Nacht) kalt stellen.

9. Vor dem Servieren in der Mitte der Torte mit Krokant die Geburtstagszahl (z. B. eine 65) aufstreuen.

Garniertipp

Sie können die Geburtstagszahl einfach aufstreuen oder sich vorher aus Pergamentpapier eine entsprechende Schablone machen. Dafür eine dicke 65 aufmalen, diese aus dem Papier herausschneiden. Das Papier vorsichtig in die Mitte der Torte legen. Den Krokant aufstreuen, leicht andrücken, die Schablone zusammen mit dem überschüssigen Krokant abheben.

Für 12 Stücke

Für den Teig:
- 100 g weiche Karamellbonbons
- 50 ml Milch
- 6 Eier (Größe L)
- 1 Prise Jodsalz
- 125 g feiner Zucker
- 150 g Mehl
- 1 TL Backpulver

Für die Füllung:
- 2 Päckchen Karamell-Puddingpulver (zum Kochen; für je 1/2 Liter Milch)
- 3/4 l Milch
- 8 EL Zucker
- 250 g zimmerwarme Butter
- 1 große Dose Birnenhälften (ca. 460 g Abtropfgewicht)

Außerdem:
- weiche Butter oder Margarine für die Form
- 2 EL Haselnuss-Krokant

Zubereitungszeit
1 Stunde 15 Minuten
Backzeit
30 Minuten
Kühlzeit
3 Stunden oder über Nacht

Die Karamelltorte mit Birnenstückchen ist für alle festlichen Anlässe bestens geeignet.

In der Weihnachts-bäckerei …

Wenn es draußen kalt und ungemütlich wird, ist Backen angesagt – am besten mit der ganzen Familie. Beim Kneten, Ausstechen und Verzieren sind auch die Kleinen mit Eifer dabei. Und Quarkstollen mit Pistazien, Nikolaus-Spekulatius-Stiefel, marmorierte Mandelschnecken oder ein Adventskalender aus Lebkuchenteig schmecken dann allen doppelt so gut.

Quarkstollen mit Pistazien

Für 1 Stollen

- 500 g Magerquark
- 150 g weiche Butter
- 1 Prise Jodsalz
- 175 g Zucker
- 1 Päckchen Vanillezucker
- 2 Eier (Größe M)
- 100 g weiche, getrocknete ungeschwefelte Aprikosen
- 100 g Rosinen
- 50 g Pistazienkerne
- 50 g gestiftelte Mandeln
- 1 Päckchen Zitronenzucker
- 500 g Mehl (evtl. etwas mehr)
- 1 Päckchen Backpulver

Außerdem:

- Mehl zum Bearbeiten
- 75 g Butter zum Bestreichen
- 75 g Puderzucker zum Bestauben

Zubereitungszeit
30 Minuten
Backzeit
60 Minuten

Etwas schneller als der klassische Dresdner Stollen, der mit Hefeteig zubereitet wird, gelingt diese Variante, bei der ein unkomplizierter Quarkteig die Basis bildet. Angereichert wird der Kuchen mit getrockneten Aprikosen und Nüssen.

1. Den Quark in ein Haarsieb geben und über einer Schüssel etwa 20 Minuten lang abtropfen lassen. Den Backofen auf 180 °C (Umluft 160 °C, Gas Stufe 2–3) vorheizen. Ein Backblech mit Backpapier auslegen.

2. Die Butter mit Jodsalz, Zucker, Vanillezucker und den Eiern schaumig schlagen. Den Quark unterrühren.

3. Die Aprikosen in kleine Würfel schneiden, zusammen mit Rosinen, Pistazienkernen, Mandeln und Zitronenzucker unter die Quarkmasse rühren. Mehl und Backpulver mischen und nach und nach unter die Quarkmasse mengen, bis ein glatter Teig entstanden ist. Eventuell etwas mehr Mehl unterkneten, der Teig soll weich, aber nicht klebrig sein.

4. Den Teig auf der bemehlten Arbeitsfläche zu einem Stollen formen und auf das Backblech setzen. Den Stollen im Backofen auf der mittleren Schiene etwa 60 Minuten backen.

5. Die Butter schmelzen lassen. Den noch heißen Stollen damit bestreichen und dick mit Puderzucker bestauben.

Variante

Statt mit Aprikosen und Rosinen können Sie den Stollen auch mit anderen Trockenfrüchten zubereiten. Oder Sie ersetzen einen Teil durch gewürfeltes Zitronat und Orangeat.

Aufbewahrungstipp

Zum Aufbewahren den Stollen fest in Alufolie wickeln. Er muss nicht so lange reifen wie klassischer Stollen aus Hefeteig, er schmeckt bereits nach 2 bis 3 Tagen sehr köstlich. Andererseits lässt er sich aber auch nicht ganz so lange aufbewahren wie der Klassiker.

Die grünen, feinen Pistazien sorgen für Farbe und raffinierten Geschmack gleichermaßen.

Nikolaus-Spekulatius-Stiefel

Ein Stiefel zum Aufessen. Genauer gesagt, sind es zwei Stiefel – für jedes Kind einer. Beim Verzieren können Sie Ihrer Phantasie freien Lauf lassen – Ihrem Nachwuchs wird's garantiert gefallen.

1. Aus Butter, Puderzucker, Vanillezucker, Mehl, Spekulatiusgewürz und den Eigelben rasch einen glatten Teig kneten. Den Teig zugedeckt mindestens 60 Minuten kalt stellen.

2. Den Backofen auf 200 °C (Umluft 180 °C, Gas Stufe 3–4) vorheizen. Ein Backblech mit Backpapier auslegen.

3. Den Teig in zwei Portionen teilen und diese auf leicht bemehlter Arbeitsfläche zu großen, etwa 1/2 Zentimeter dicken Stiefeln formen. Die Stiefel auf das vorbereitete Blech heben. Wenn Sie die Stiefel mit Mandeln und Nüssen verzieren möchten, müssen Sie diese jetzt leicht in den ungebackenen Teig drücken. Bonbonverzierungen kommen erst nach dem Backen auf die Stiefel.

4. Die Stiefel im Backofen auf der mittleren Schiene etwa 20 Minuten backen. Die fertigen Stiefel herausnehmen und auf dem Blech auskühlen lassen, gegebenenfalls mit Zuckerguss und/oder Bonbons weiter verzieren.

Tipp

Wenn nach dem Kneten des Teiges die Zeit zu knapp wird: Der Teig kann, gut in Folie gewickelt, mehrere Tage im Kühlschrank auf seine Verarbeitung warten.

Varianten

Wenn Sie das Spekulatiusgewürz nicht so gern mögen, aromatisieren Sie den Teig mit Zimtpulver oder gemahlener Vanille.

Die Nikolaus-Spekulatius-Stiefel sind ein schönes Geschenk.

Für 2 Stück

- **125 g kalte Butter**
- **50 g Puderzucker**
- **1 Päckchen Vanillezucker**
- **200 g Mehl**
- **1 TL Spekulatiusgewürz**
- **2 Eigelbe**
- **Mehl zum Bearbeiten**
- **Bonbons, Mandeln oder Nüsse zum Verzieren**
- **evtl. etwas Zuckerguss**

Zubereitungszeit
30 Minuten
Kühlzeit
60 Minuten
Backzeit
20 Minuten

Adventskalender aus Lebkuchenteig

Dieser ganz besondere Adventskalender wird Ihren Kindern sicher Freude bereiten. Tägliches Naschen ist natürlich auch bei diesem Haus erlaubt. Jeden Tag wird ein Stück abgeschnitten und verspeist.

Für 1 Haus

Für den Teig:
- 150 g Butter oder Margarine
- 250 g Zucker
- 250 g Honig
- 500 g Mehl
- 1 TL Pottasche
- 1 1/2 TL Lebkuchengewürz
- 1 EL Kakaopulver
- 1 Ei (Größe M)

Für die Verzierungen:
- 200 g Puderzucker
- 4 EL Zitronensaft
- bunte Speisefarben
- Mandeln
- Zuckerperlen
- weihnachtliches Dekomaterial nach Wunsch

Außerdem:
- Mehl zum Ausrollen

Zubereitungszeit
1 Stunde 30 Minuten
Kühlzeit
über Nacht
Backzeit
20 Minuten

1. Butter oder Margarine, Zucker und Honig in einem Topf unter Rühren schmelzen lassen, bis sich der Zucker gelöst hat (nicht kochen). Die Mischung dann in eine Rührschüssel gießen und handwarm abkühlen lassen.

2. Mehl, Pottasche, Lebkuchengewürz und Kakao mischen und zusammen mit dem Ei zu den anderen Zutaten in die Schüssel geben. Alles mit den Quirlen eines elektrischen Handrührers zu einem geschmeidigen Teig verkneten. Den weichen Teig in Folie wickeln und über Nacht kalt stellen.

3. Am nächsten Tag den Backofen auf 200 °C (Umluft 180 °C, Gas Stufe 3–4) vorheizen. Ein Backblech mit Backpapier auslegen.

4. Den Teig auf bemehlter Arbeitsfläche etwas flach drücken, dann zu einem Rechteck in Blechgröße ausrollen und mit Hilfe des Nudelholzes auf das Blech heben. Den Kuchen im Backofen auf der mittleren Schiene 20 Minuten backen. Den fertigen Kuchen herausnehmen und auf dem Blech auskühlen lassen.

5. Aus dem Lebkuchen ein großes Haus ausschneiden. Das Haus ohne das Backpapier auf ein Brett oder eine Platte heben. Mit einem spitzen Messer durch Einritzen wie auf dem Foto 24 Stücke markieren.

6. Den Puderzucker mit dem Zitronensaft zu einem dickflüssigen Guss anrühren und diesen nach Wunsch portionsweise mit Speisefarben einfärben. Den Guss getrennt in kleine Tiefkühlbeutel füllen, jeweils an einer Ecke ein kleines Loch einschneiden. Die markierten Linien damit nachziehen.

7. Das Haus mit dem restlichen Guss, den Mandeln, den Zuckerperlen und anderem Dekomaterial nach eigener Phantasie verzieren.

8. Das Haus mit Klarsichtfolie abdecken. Täglich das entsprechende Feld abschneiden. Nach dem Genuss das Haus wieder mit Klarsichtfolie bedecken, damit der Teig nicht austrocknet.

Tipp

Wenn Sie den bunten Zuckerguss in kleine Einwegspritzen aus der Apotheke füllen, können Sie damit besonders exakte Linien ziehen.

Der bunte Adventskalender aus Lebkuchenteig sorgt für einen süßen Dezember.

Orangenstollen-Konfekt

Hier präsentiert sich der Klassiker Stollen mal ganz anders – in Form und Geschmack. Die Ministollen sind etwa so groß wie Makronen, und ein kräftiges Orangenaroma verleiht ihnen eine fruchtig-frische Note.

Für etwa 90 Stück

Für den Teig:
- **250 g Butter**
- **100 ml Milch**
- **100 g Orangeat**
- **500 g Mehl**
- **2 Päckchen Trockenhefe**
- **1 Päckchen Vanillezucker**
- **90 g Zucker**
- **1 Prise Jodsalz**
- **100 g geriebene Mandeln**
- **Schale und 50 ml Saft von 1 unbehandelten Orange**
- **150 g Sultaninen**

Für den Guss:
- **75 g Butter**
- **4 EL Orangensaft**
- **1 EL Puderzucker**

Zubereitungszeit
45 Minuten
Ruhezeit
1 Stunde 45 Minuten
Backzeit pro Blech
12–15 Minuten

1. Die Butter schmelzen lassen, die Milch dazugeben und beiseite stellen. Das Orangeat fein hacken.

2. Mehl, Hefe, Vanillezucker, Zucker, Salz, Mandeln, Orangenschale, Orangeat und Sultaninen in einer großen Schüssel mischen. Die Butter-Milch-Mischung und Orangensaft mit den Knethaken des elektrischen Handrührers darunter arbeiten. Den Teig einige Minuten kneten – er soll recht feucht sein.

3. Die Schüssel abdecken und den Teig an einem warmen Ort bis zu 1 1/2 Stunden gehen lassen. Sein Volumen soll deutlich zunehmen.

4. Den Backofen auf 200 °C (Umluft 180 °C, Gas Stufe 3–4) vorheizen und drei Backbleche mit Backpapier auslegen. Vom Teig walnussgroße Stücke abreißen, zu kleinen Stollen formen, auf die Bleche legen, abdecken und an einem warmen Ort etwa 15 Minuten gehen lassen.

5. Die Ministollen auf der mittleren Schiene im Backofen 12 bis 15 Minuten backen. Die Butter für den Guss schmelzen, mit Saft und Puderzucker verrühren.

6. Das fertige Gebäck aus dem Backofen nehmen und warm mit dem Zuckerguss bestreichen. Den Vorgang so oft wiederholen, bis der Guss aufgebraucht ist.

7. Die Ministollen auskühlen lassen und in einer Metalldose verpacken. Bei kühler und trockener Lagerung halten sie sich bis zu 4 Wochen.

Die Ministollen sind saftiger und aromatischer als viele ihrer größeren Verwandten.

Bunter Tannenbaumschmuck

Behängen Sie den Tannenbaum in diesem Jahr doch mal wieder so, wie es unsere Großeltern gern getan haben – mit selbst gebackenen Plätzchen, die einfach zum Anbeißen schön und appetitlich sind.

Für etwa 40 Stück

- 160 g weiche Butter
- 160 g Puderzucker
- 2 Eigelbe (Größe S)
- abgeriebene Schale von 1 unbehandelten Orange
- 250 g Mehl
- 125 g geschälte gemahlene Mandeln
- 1 Prise Backpulver

Zum Bestreichen:

- 1 Eigelb (Größe S)
- 5 EL Milch

Zum Verzieren:

- 200 g Puderzucker
- 4–5 EL Zitronensaft
- Speisefarbe
- bunte Zuckerperlen

Außerdem:

- Mehl zum Ausrollen

Zubereitungszeit
60 Minuten
Kühlzeit
60 Minuten
Backzeit pro Blech
15 Minuten

1. Für den Teig Butter mit Puderzucker, Eigelben und Orangenschale cremig rühren. Das Mehl mit den Mandeln und Backpulver mischen und unterkneten. In Folie gewickelt 60 Minuten kalt stellen.

2. Den Backofen auf 180 °C (Umluft 160 °C, Gas Stufe 2–3) vorheizen. Zwei Backbleche mit Backpapier auslegen.

3. Den Teig auf leicht bemehlter Fläche etwa 1/2 Zentimeter dick ausrollen. Beliebige Figuren daraus ausstechen und auf die Bleche legen. Das Eigelb mit der Milch verquirlen, die Figuren damit einpinseln. In jedes Plätzchen mit einem Holzspieß ein Loch stechen, damit es später aufgehängt werden kann.

4. Die Plätzchen auf der mittleren Schiene im Backofen etwa 15 Minuten backen. Die Löcher in den Plätzchen sofort nachbohren. Die Plätzchen dann auf dem Blech auskühlen lassen.

5. Zum Verzieren den Puderzucker mit Zitronensaft dickflüssig anrühren. Portionsweise mit Speisefarbe tönen, die Plätzchen damit verzieren. Zuckerperlen aufstreuen, den Guss fest werden lassen.

6. Bunte oder goldene Bändchen durch die Plätzchen ziehen und diese an den Tannenbaum hängen.

Süße Schneeglöckchen

2 Eiweiß mit 1/2 Teelöffel Zitronensaft und einer Prise Salz schnittfest schlagen, weiter schlagen, dabei nach und nach 150 Gramm Puderzucker einrieseln lassen. Die Masse in einen Spritzbeutel mit mittelgroßer Sterntülle geben, kleine Glöckchen auf ein mit Backpapier belegtes Blech spritzen. Diese auf der mittleren Schiene im Backofen bei 150 °C etwa 60 Minuten trocknen lassen, dabei einen Kochlöffelstiel zwischen Ofen und Ofentür klemmen. Die Glöckchen über Nacht im warmen Zimmer weiter trocknen lassen.

Mit lustigen Ausstechförmchen haben Sie im Nu Ihren essbaren Tannenbaumschmuck selbst gemacht. Und die Kleinen helfen garantiert gern.

Süßer Tannenbaum

Ein schnell bereiteter, saftiger Rührteig wird für diesen Kuchen in einer speziellen Tannenbaumform gebacken und sorgt garantiert für leuchtende Augen, wenn er auf die Weihnachtstafel gestellt wird.

Für 8 Stücke

- **100 g weiche Butter**
- **2 Eier (Größe M)**
- **70 g Zucker**
- **100 g Zitronat**
- **50 g Schokolade**
- **40 g Mandelstifte**
- **40 g gemahlene Mandeln**
- **80 g Mehl**
- **1 TL Backpulver**
- **1/4 TL gemahlene Vanille**
- **1 Prise Zimtpulver**
- **Butter für die Form**
- **150 g Puderzucker**
- **3 EL Zitronensaft**
- **Speisefarbe**
- **bunte Zuckerperlen**

Zubereitungszeit
40 Minuten
Backzeit
40 Minuten

1. Den Backofen auf 180 °C (Umluft 160 °C, Gas Stufe 2–3) vorheizen. Eine Tannenbaumform von 600 Milliliter Inhalt gründlich fetten.

2. Butter mit Eiern und Zucker cremig rühren, das Zitronat untermischen. Die Schokolade hacken und mit den Mandelstiften unterrühren.

3. Mandeln mit Mehl, Backpulver, Vanille und Zimt mischen, zum Teig geben und gründlich untermengen. Den Teig in die Form füllen und im Backofen auf der mittleren Schiene 40 Minuten backen. Den Kuchen herausnehmen, 20 Minuten in der Form ruhen lassen, auf ein Kuchengitter stürzen und auskühlen lassen.

4. Zum Verzieren den Puderzucker mit Zitronensaft dickflüssig anrühren. Teilweise mit Speisefarbe tönen. Den gebackenen Baum mit buntem Zuckerguss und großen bunten Zuckerperlen verzieren.

Tipps
Schneller geht es, wenn Sie den Baum nach dem Backen nur mit Puderzucker bestauben und Zuckerperlen aufstreuen. Natürlich können Sie den Teig auch in einer anderen Form backen, beispielsweise in einer kleinen Kranz- oder Springform. Messen Sie aber auf alle Fälle zuerst das Fassungsvermögen der Form, es müssen 600 Milliliter sein, und machen Sie beim Backen rechtzeitig eine Garprobe mit einem Holzspieß.

Bild rechts: Süßer Tannenbaum

Marzipan-Pistazien-Tupfen

Lustig anzusehen und ein feiner Genuss: Ein schnell gerührter Marzipanteig wird in kleinen Tupfen aufs Blech gespritzt und noch vor dem Backen mit grünen Pistazienkernen verziert. Ideal auch zum Verschenken.

Für etwa 80 Stück

- **200 g Marzipanrohmasse**
- **200 g weiche Butter**
- **3 Eier**
- **100 g Zucker**
- **1/2 Fläschchen Rum-Aroma**
- **400 g Mehl**
- **1 TL Backpulver**
- **100 g Speisestärke**
- **40 g Pistazienkerne**
- **Puderzucker**

Zubereitungszeit
20 Minuten
Backzeit je Blech
15 Minuten

1. Den Backofen auf 200 °C (Umluft 180 °C, Gas Stufe 3–4) vorheizen. Zwei Backbleche mit Backpapier auslegen.

2. Das Marzipan weich kneten, mit Butter, Eiern, Zucker und Rum-Aroma gut cremig schlagen.

3. Das Mehl mit dem Backpulver und der Speisestärke gut mischen und zu der Marzipanmasse geben. Alles zusammen mit den Quirlen des Handrührgerätes zu einem glatten Teig verrühren. Den Teig in einen Spritzbeutel mit großer Sterntülle füllen, daraus mittelgroße Tupfen auf die Bleche spritzen.

4. Die Pistazienkerne sehr fein hacken und über die Plätzchen streuen, diese im Backofen auf der mittleren Schiene 15 Minuten backen.

5. Die fertigen Plätzchen herausnehmen, abkühlen lassen und mit wenig Puderzucker bestauben.

Schokoladen-Früchte-Schnitten

Für etwa 30 Stück

Für den Teig:
- 300 g gemischtes Trockenobst (z. B. Aprikose, Pfirsich, Birne, Apfel, Pflaume)
- 100 g Sultaninen
- 5 EL Orangensaft
- 125 g weiche Butter oder Margarine
- 3 Eier (Größe M)
- 250 g flüssiger Honig
- 1 Prise Jodsalz
- 400 g Weizenvollkornmehl
- 300 g gemahlene Mandeln
- 2 TL Lebkuchengewürz
- 2 EL Kakaopulver

Zum Verzieren:
- ca. 60 ungeschälte Mandeln
- 200 g Vollmilch- oder Zartbitterkuvertüre

Zubereitungszeit
60 Minuten
Backzeit
25–30 Minuten

Saftig, nussig und obendrein noch schokoladig – all diese Geschmackskomponenten vereinen die leckeren Schnitten in sich. Eine Sorte Weihnachtsgebäck, die garantiert ihre kleinen und großen Liebhaber findet.

1. Den Backofen auf 200 °C (Umluft 180 °C, Gas Stufe 3–4) vorheizen. Ein tiefes Backblech mit Backpapier auslegen.

2. Das Trockenobst möglichst klein schneiden, mit den Sultaninen mischen, mit Orangensaft begießen und durchziehen lassen.

3. Butter oder Margarine cremig rühren. Die Eier trennen. Die Eigelbe mit dem Honig zum Fett geben und alles hellschaumig rühren. Eiweiß mit Salz zu steifem Schnee schlagen.

4. Mehl, gemahlene Mandeln, Lebkuchengewürz und Kakaopulver mischen und mit den Quirlen eines Handrührers unter die Eiercreme rühren. Die Früchte samt der Flüssigkeit hinzufügen. Zum Schluss den Eischnee unterheben.

5. Den Teig auf dem Backblech glatt streichen und im Backofen auf der mittleren Schiene 25 bis 30 Minuten backen.

6. Den fertigen Kuchen aus dem Backofen nehmen und kurz abkühlen lassen. Den Kuchen in 30 Stücke (etwa 8 x 5 Zentimeter groß) schneiden, mit dem Backpapier auf ein Kuchengitter ziehen und völlig auskühlen lassen.

7. Die Mandeln mit kochendem Wasser übergießen, etwas abkühlen, dann abtropfen lassen. Die Kerne aus den Häutchen lösen, abtrocknen und halbieren. Die Kuvertüre hacken und im warmen Wasserbad schmelzen lassen.

8. Die Kuchenschnitten mit Kuvertüre überziehen und mit je 4 Mandelhälften verzieren. Die Stücke auf eine Platte legen, bis die Kuvertüre fest ist, dann in einer Metalldose verpacken. Sie sind etwa 3 Wochen haltbar.

Variante
Schwärmen Sie vielleicht für getrocknete Aprikosen? Dann verwenden Sie anstelle von gemischtem Trockenobst einfach die gleiche Menge der geliebten Früchte.

Tipp
Achten Sie bei Trockenobst auf die Kennzeichnung und kaufen Sie nur ungeschwefelte Früchte.

Getrocknete Früchte verleihen diesem schnellen Weihnachtsgebäck Geschmack und Vitaminreichtum.

Orangen-Gewürz-Dreispitze

Ein Hauch von Lebkuchengewürz und ein kräftiges Orangenaroma lassen die vorweihnachtliche Stimmung steigen, wenn Sie beim Adventskaffee diese feinen Ecken auf den Tisch stellen.

1. Den Backofen auf 200 °C (Umluft 180 °C, Gas Stufe 3–4) vorheizen. Ein tiefes Backblech (z. B. die Fettpfanne) mit Backpapier auslegen.

2. Die Schokolade mit einem großen Messer fein hacken. Butter oder Margarine, Zucker und Vanillezucker cremig rühren. Die Eier dazugeben und alles mit den Quirlen des Handrührers schaumig schlagen. Lebkuchengewürz, Orangenzucker, Haselnüsse und Schokolade unter den Teig rühren.

3. Mehl und Backpulver mischen und zusammen mit dem Orangensaft unter den Teig rühren. Den Teig auf das vorbereitete Backblech geben, glatt streichen und im Backofen auf der mittleren Schiene 25 bis 30 Minuten backen.

4. Den Kuchen aus dem Backofen nehmen und kurz abkühlen lassen. Dann mit dem Backpapier vom Blech auf ein Kuchengitter ziehen und völlig auskühlen lassen.

5. Den Kuchen kopfüber auf ein Brett stürzen und das Papier abziehen. Den Kuchen dann wieder umdrehen und in etwa 40 Dreiecke schneiden.

6. Die Kuvertüre hacken und im warmen Wasserbad schmelzen lassen. Das Orangeat sehr fein würfeln. Die Dreispitze mit einer Ecke in Kuvertüre tunken, auf Backpapier legen und etwas Orangeat auf die noch feuchte Kuvertüre streuen. Die Kuvertüre fest werden lassen.

Aufbewahrungstipp

In einer Dose verpackt und kühl gelagert halten sich die Dreispitze etwa eine Woche. Sie können also nicht, wie viele andere Plätzchen, mehrere Wochen vor dem Weihnachtsfest gebacken werden.

Variante

Sie können den Teig auch in einer großen Kastenform von 35 Zentimeter Länge backen und den kalten Kuchen mit der Glasur überziehen. Die Backzeit beträgt mindestens 55 Minuten.

Für etwa 40 Stück

- 125 g Vollmilchschokolade
- 250 g weiche Butter oder Margarine
- 220 g Zucker
- 1 Päckchen Vanillezucker
- 5 Eier (Größe M)
- 1 gehäufter TL Lebkuchengewürz
- 1 Päckchen Orangenzucker
- 200 g gemahlene Haselnüsse
- 375 g Mehl
- 1 Päckchen Backpulver
- 1/4 l Orangensaft
- 100 g Vollmilchkuvertüre
- 40 g Orangeat

Zubereitungszeit
35 Minuten
Backzeit
25–30 Minuten

Die Dreispitze schnell verzieren

1. Den abgekühlten Kuchen in 20 Quadrate schneiden und diese dann halbieren.

2. Die Kuvertüre schmelzen und jeweils eine Ecke der Dreispitze in die Kuvertüre tunken.

3. Auf die noch feuchte Kuvertüre gehacktes Orangeat streuen und leicht andrücken.

Ein Rührteig – vier Plätzchensorten

Vier verschiedene Plätzchensorten entstehen in ganz kurzer Zeit aus nur einem Grundrührteig! Dieser wird in vier Portionen geteilt und immer wieder anders weiterverarbeitet.

1. Den Backofen auf 180 °C (Umluft 160 °C, Gas Stufe 2–3) vorheizen. Zwei Backbleche mit Backpapier auslegen.

2. Für den Teig Butter oder Margarine mit Puderzucker und Vanillezucker cremig rühren. Mehl und Speisestärke mischen und unterrühren. Den Teig in vier Portionen teilen, diese wie unten beschrieben verarbeiten und die Plätzchen im Backofen auf der mittleren Schiene jeweils 15 bis 20 Minuten backen.

3. Für die Kirschtupfen (14 Stück) eine Teigportion in einen Spritzbeutel mit mittelgroßer Sterntülle geben, daraus kleine Häufchen auf eines der Bleche spritzen. Die Cocktailkirschen halbieren. Je 1 Hälfte auf die Mitte eines Plätzchens setzen. Die Kirschen leicht hineindrücken, die Plätzchen backen.

4. Für die Rosinen-Mandel-Berge (25 Stück) die Rosinen in einer Tasse einige Minuten in Rum oder Orangensaft einweichen. Die Mandeln in einer trockenen Pfanne ohne Fettzugabe goldbraun rösten. Beides unter eine Teigportion rühren. Von dem Teig mit zwei Teelöffeln kleine Häufchen auf eines der Bleche setzen und backen.

5. Für die Zimtschnecken (14 Stück) eine Teigportion mit 1 Teelöffel Zimt verrühren. Den Teig in einen Spritzbeutel mit kleiner, glatter Tülle geben. Daraus Schnecken auf eines der Bleche spritzen. Backen und auskühlen lassen. Den Puderzucker mit 1 Teelöffel Zimt und der Milch verrühren. Den Guss in einen kleinen Spritzbeutel aus Pergament füllen, die Schneckenlinien damit ganz fein nachziehen, die Schnecken backen.

6. Für die schwarzweißen Schokotupfen (20 Stück) die Schokolade hacken, die Hälfte davon zusammen mit Kakaopulver und Orangenlikör oder -saft unter eine Teigportion rühren. Den Teig mit zwei Teelöffeln als kleine Häufchen auf eines der Bleche setzen. Die Plätzchen backen und auskühlen lassen. Anschließend die restliche Schokolade im warmen Wasserbad oder in der Mikrowelle schmelzen lassen. Feine Linien daraus über die Plätzchen träufeln.

So kommt Abwechslung auf den Plätzchenteller: Aus einem Grundteig haben Sie im Nu vier verschiedene Plätzchensorten gezaubert.

Für etwa 73 Plätzchen

Für den Rührteig:
- **250 g weiche Butter oder Margarine**
- **100 g Puderzucker**
- **2 Päckchen Vanillezucker**
- **250 g Mehl**
- **80 g Speisestärke**

Für die Kirschtupfen:
- **7 rote Cocktailkirschen**

Für die Rosinen-Mandel-Berge:
- **50 g Rosinen**
- **2 EL Rum oder Orangensaft**
- **50 g gestiftelte Mandeln**

Für die Zimtschnecken:
- **2 TL gemahlener Zimt**
- **40 g Puderzucker**
- **1–2 TL Milch**

Für die schwarzweißen Schokotupfen:
- **80 g weiße Schokolade**
- **1 EL Kakaopulver**
- **1 EL Orangenlikör oder -saft**

Zubereitungszeit
45 Minuten
Backzeit pro Blech
15–20 Minuten

Pinienkern-Vanille-Herzen

Für etwa 30 Stück

- 125 g kalte Butter
- 2 Eigelbe
- 3 EL Puderzucker
- 1 TL gemahlene Vanille
- 200 g Mehl

Zum Verzieren:

- etwa 30 g Pinienkerne
- 50 g weiße Kuvertüre

Außerdem:

- Mehl zum Ausrollen

Zubereitungszeit
30 Minuten
Kühlzeit
60 Minuten
Backzeit
20 Minuten

Bild unten: Pinienkern-Vanille-Herzen

Aus einem zarten Buttermürbeteig werden Herzen ausgestochen, die Sie noch vor dem Backen mit den feinen Pinienkernen verzieren. Und als Krönung kommt, wenn später noch Zeit bleibt, weiße Kuvertüre darüber.

1. Aus Butter, Eigelben, Puderzucker, Vanille und Mehl rasch einen glatten Teig kneten. Zugedeckt mindestens 60 Minuten kalt stellen.

2. Den Backofen auf 200 °C (Umluft 180 °C, Gas Stufe 3–4) vorheizen. Ein Backblech mit Backpapier auslegen.

3. Den Teig auf leicht bemehlter Arbeitsfläche etwa 1/2 Zentimeter dick ausrollen. Herzen daraus ausstechen und diese auf das vorbereitete Blech heben.

4. Pinienkerne als Verzierung im dekorativen Muster leicht in die Herzen drücken. Die Herzen im Backofen auf der mittleren Schiene 20 Minuten backen. Die fertigen Herzen herausnehmen und auf dem Blech auskühlen lassen.

5. Die weiße Kuvertüre hacken und in einer Schüssel im warmen Wasserbad schmelzen lassen. Die Herzen damit verzieren.

Hallo Eltern
Das Ausrollen und Ausstechen von Plätzchen macht bereits kleinen Kindern viel Spaß. Allerdings reicht die Geduld oft noch nicht, den ganzen Teig zu verarbeiten. Damit der Spaß nicht zur lästigen Arbeit wird, »entlassen« Sie Ihr Kind rechtzeitig zum Spielen. Sonst geht möglicherweise die Freude am Backen schnell völlig verloren.

Haselnuss-Haferflocken-Plätzchen

Diese Plätzchen sind blitzschnell und denkbar einfach gemacht und deshalb besonders gut geeignet, wenn sich bereits kleine Kinder als Bäcker versuchen möchten. Probieren Sie es aus – es macht garantiert Spaß!

Für etwa 55 Stück

- 150 g weiche Butter oder Margarine
- 125 g Zucker
- 2 Eier (Größe M)
- 1/2 TL Backpulver
- 1 Fläschchen Zitronenaroma
- 250 g zarte Haferflocken
- 50 g gehackte Haselnusskerne
- 50 g Schokoladenraspel
- etwa 55 Haselnusskerne

Zubereitungszeit
30 Minuten
Backzeit pro Blech
15 Minuten

1. Den Backofen auf 180 °C (Umluft 160 °C, Gas Stufe 2–3) vorheizen. Zwei Backbleche mit Backpapier auslegen.

2. Butter oder Margarine mit Zucker und Eiern gut cremig schlagen. Backpulver, Zitronenaroma, Haferflocken, gehackte Haselnusskerne und die Schokoladenraspel unterrühren.

3. Von dem Teig mit zwei Teelöffeln kleine Teighäufchen auf die Bleche setzen. Jeweils 1 Haselnusskern in der Mitte hineindrücken.

4. Nacheinander die Plätzchen im Backofen auf der mittleren Schiene 15 Minuten backen. Die fertigen Plätzchen herausnehmen und auf den Blechen auskühlen lassen.

Dekotipps

Wenn nach dem Backen noch Zeit bleibt und die Plätzchen ganz besonders glanzvoll geraten sollen, können Sie sie zusätzlich verzieren. Die einfachste Methode ist, Puderzucker darüber zu stauben. Leicht und hübsch zugleich: feine Linien aus zuvor erwärmter Schokoladenglasur oder Kuvertüre über die Plätzchen träufeln. Dafür am besten alle Plätzchen dicht nebeneinander auf ein Kuchengitter setzen. Kindern wird eine bunte Deko sicher bestens gefallen. Dafür Puderzucker mit Milch dickflüssig anrühren und mit Speisefarbe tönen, ebenfalls in feinen Linien über die fertigen Plätzchen träufeln.

Die abgekühlten Haselnuss-Haferflocken-Plätzchen können in eine Metalldose verpackt etwa vier Wochen aufbewahrt werden.

Ein Mürbeteig – vier Plätzchensorten

Für etwa 50 Plätzchen

Für den Mürbeteig:
- 250 g Mehl
- 125 g kalte Butter
- 1 Ei
- 70 g Zucker
- 1 Päckchen Vanillezucker

Für die Zebrataler:
- 2 EL Schokoladenstreusel
- 1 TL Kakaopulver

Für die gefüllten Orangenherzen:
- 1 EL Orangenmarmelade
- 3 EL Puderzucker
- 1–2 TL Orangen- oder Zitronensaft
- 1 EL Orangeat

Für die Kokosrauten:
- 3 EL getrocknete Kokosraspel
- 50 g Puderzucker
- 1 EL Limetten- oder Zitronensaft

Für die bunten Schokobrezeln:
- 50 g dunkle Kuvertüre
- 2 EL bunte Zuckerperlen

Außerdem:
- Mehl zum Bearbeiten

Zubereitungszeit
60 Minuten
Kühlzeit
60 Minuten
Backzeit pro Blech
20 Minuten

Wenn Ihre Kinder beim vorweihnachtlichen Plätzchen backen auch schnell die Lust verlieren, ist diese Idee genau richtig für Sie: es wird nur ein Teig geknetet, und doch liegen später vier verschiedene Plätzchensorten auf dem Weihnachtsteller.

1. Die Zutaten für den Teig rasch verkneten. Den Teig zugedeckt 60 Minuten kalt stellen.

2. Den Backofen auf 180 °C (Umluft 160 °C, Gas Stufe 2–3) vorheizen. Zwei Backbleche mit Backpapier auslegen.

3. Den Teig auf leicht bemehlter Arbeitsfläche noch einmal kurz durchkneten, dann in vier Portionen teilen. Aus jeder Portion wird eine andere Plätzchensorte hergestellt. Die Plätzchen jeweils im Backofen auf der mittleren Schiene 20 Minuten backen. Wird im Umluftofen gebacken, können beide Bleche gleichzeitig hineingestellt werden. Die Plätzchen anschließend verzieren.

4. Für die Zebrataler (10 Stück) eine Teigportion mit Schokostreuseln verkneten und in zehn gleiche Portionen teilen. Diese zu Kugeln formen, mit einer Gabel flach drücken und auf eines der Bleche setzen, backen. Die kalten Plätzchen ganz leicht mit Kakaopulver bestauben.

5. Für die gefüllten Orangenherzen (10 Stück) eine Teigportion auf leicht bemehlter Fläche dünn ausrollen, 20 kleine Herzen daraus ausstechen und auf eines der Bleche legen, backen und danach auskühlen lassen. Je 2 Herzen mit etwas Orangenmarmelade zusammensetzen. Puderzucker mit Orangen- oder Zitronensaft anrühren, Orangeat fein hacken. Die Herzen mit Zuckerguss bestreichen und mit Orangeat bestreuen.

6. Für die Kokosrauten (20 Stück) eine Teigportion auf leicht bemehlter Fläche ausrollen, mit einem Teigrädchen in Rauten (etwa 4 Zentimeter Kantenlänge) schneiden, auf eines der Bleche legen und backen. Später die Kokosraspel in einer kleinen Pfanne goldbraun rösten. Den Puderzucker mit Limettensaft anrühren, die Rauten damit bestreichen und mit gerösteten Kokosraspeln bestreuen.

7. Für die bunten Schokobrezeln (10 Stück) eine Teigportion in zehn gleiche Portionen teilen. Diese zu 20 Zentimeter langen Strängen rollen. Daraus Brezeln formen, auf eines der Bleche legen, backen und anschließend auskühlen lassen. Die Kuvertüre hacken und im warmen Wasserbad oder in der Mikrowelle schmelzen lassen. Die Brezeln zur Hälfte hineintunken und mit bunten Zuckerperlen bestreuen, den Guss fest werden lassen.

Ein Grund-Mürbeteig präsentiert sich hier gleich viermal anders.

Cornflakes-Kokos-Knusperlis

Für 30 Stück

- 90 g Cornflakes
- 70 g Butter
- 70 g brauner Zucker
- 1 Ei (Größe M)
- 1 Prise gemahlener Zimt
- 40 g Kokosraspel

Zubereitungszeit
20 Minuten
Backzeit
15–17 Minuten

Aus ungewöhnlichen Zutaten entstehen knusprige Plätzchen, die nicht nur kleinen Cornflakesfans gut schmecken: Zucker und Butter sorgen für ein feines Karamellaroma, das auch Große lieben.

1. Den Backofen auf 180 °C (Umluft 160 °C, Gas Stufe 2–3) vorheizen. Ein Backblech mit Backpapier auslegen. Die Cornflakes in eine Schüssel geben und mit den Händen grob zerkrümeln.

2. Die Butter und den Zucker in einem Topf bei schwacher Hitze unter Rühren erwärmen, bis die Butter geschmolzen ist. Die Mischung in eine Rührschüssel füllen und das Ei mit einem Schneebesen kräftig unterschlagen.

3. Zimt, Kokosraspeln und die zerkrümelten Cornflakes unterrühren. Von dem Teig mit einem Teelöffel etwa walnussgroße Häufchen mit etwas Abstand zueinander auf das Backblech setzen.

4. Die Plätzchen auf der mittleren Schiene im Backofen in 15 bis 17 Minuten goldbraun backen. Die fertigen Plätzchen herausnehmen, auf einem Kuchengitter auskühlen lassen und luftdicht verschlossen aufbewahren.

Ahornsirup-Plätzchen mit Orangenduft

Für etwa 70 Stück

- 200 g weiche Butter
- 100 g Ahornsirup
- 1/2 TL gemahlene Vanille
- 2 Tütchen Orangenfrucht
- 1 Ei (Größe M)
- 300 g Mehl
- 50 g Speisestärke
- 1 Prise Backpulver

Außerdem:
- Butter für die Bleche
- je 100 g weiße und dunkle Kuvertüre

Zubereitungszeit
40 Minuten
Backzeit je Blech
10–15 Minuten

Haben Sie einen der praktischen Plätzchenautomaten im Schrank? Für Kinder sind sie einfach ideal – gelingen doch verschiedene Plätzchen im Handumdrehen, ganz einfach, Klick für Klick.

1. Zwei Backbleche mit Butter ausstreichen. Den Backofen auf 200 °C (Umluft 180 °C, Gas Stufe 3–4) vorheizen.

2. Die Butter mit Ahornsirup, gemahlener Vanille, 1 Päckchen Orangenfrucht und dem Ei gut cremig rühren. Das Mehl mit Speisestärke und Backpulver mischen und unterrühren.

3. Den Teig in eine Gebäckspritze geben und damit verschieden gemusterte Plätzchen auf die Bleche spritzen. Diese nacheinander auf der mittleren Schiene im Backofen 12 bis 15 Minuten backen. Die fertigen Plätzchen aus dem Backofen nehmen und auf den Backblechen auskühlen lassen.

4. Beide Sorten Kuvertüre getrennt hacken und in der Mikrowelle oder im warmen Wasserbad schmelzen lassen. Die Kuvertüre unter häufigem Rühren fast wieder erkalten, dann erneut warm und flüssig werden lassen. Die Kuvertüre über die Plätzchen träufeln und diese mit Orangenfrucht bestreuen. Die Kuvertüre fest werden lassen.

Tipp
»Orangenfrucht« bekommen Sie im Supermarkt bei den Backzutaten. Stattdessen können Sie fein abgeriebene Orangenschale verwenden.

Marmorierte Mandelschnecken

Wer es besonders eilig hat und dennoch den Duft frisch gebackener Weihnachtsplätzchen in seiner Küche verbreiten möchte, für den liegen im Kühlregal des Supermarktes verschiedene Teige bereit.

Für etwa 36 Stück

- **1 Paket gekühlter Frischteig Schwarz-Weiß-Gebäck (400 g)**
- **etwas Mehl zum Bearbeiten**
- **36 geschälte Mandeln**
- **1–2 EL Puderzucker zum Bestauben**

Zubereitungszeit
10 Minuten
Backzeit
10–15 Minuten

1. Den Backofen auf 200 °C (Umluft 180 °C, Gas Stufe 3–4) vorheizen. Ein Backblech mit Backpapier auslegen.

2. Den gekühlten Teig in die drei markierten Portionen teilen. Jeden Strang in 12 dünne Scheiben schneiden.

3. Jede Scheibe auf leicht bemehlter Fläche zum dünnen Strang formen, zur Schnecke aufrollen und auf das Blech legen. Nicht stark kneten, damit eine Marmorierung entsteht.

4. Jeweils 1 Mandel in die Mitte eines Plätzchens geben und hineindrücken. Die Plätzchen auf der mittleren Schiene im Backofen 10 bis 15 Minuten backen. Die fertigen Plätzchen herausnehmen und ganz leicht mit Puderzucker bestauben.

Tipp
Wer noch etwas Zeit übrig hat, träufelt erwärmte Kuchenglasur oder Kuvertüre in feinen Linien über die Plätzchen.

Hallo Eltern
Kinder planen nicht lange im Voraus, sie möchten meist spontan und dann auch bitte sofort Plätzchen backen. Legen Sie zwei oder drei Packungen mit verschiedenen Fertig-Frischteigen in den Kühlschrank, dann können Sie den Wunsch zu jeder Zeit erfüllen.

Die marmorierten Mandelschnecken sind superschnell fertig und schmecken nicht nur im Winter vorzüglich.

Pikantes aus der Backstube

Auch Herzhaftes aus dem Ofen ist bei allen heiß begehrt und mit wenig Aufwand zubereitet. Käsestangen mit Rucola, Lachsmuffins, Gemüsepizza, Tomaten-Käse-Schnecken oder die klassische Quiche Lorraine sind deshalb ideal für die schnelle und gesunde Familienküche.

Blätterteig-Bonbons mit Überraschung

Für 40 Stück

- **450 g Tiefkühl-Blätterteig (10 quadratische Platten)**
- **50 g Doppelrahm-Frischkäse**
- **1 EL gemischte tiefgekühlte Kräuter**
- **Paprikapulver, rosenscharf**
- **1 Stück Zucchini (etwa 6 cm lang)**
- **14 kleine Cocktailtomaten**
- **14 Cocktailwürstchen**

Zubereitungszeit
30 Minuten
Backzeit je Blech
20 Minuten

»Fingerfood« heißt der Trend der schnellen Küche. Servieren Sie diese Bonbons als Snack oder als Alternative zum üblichen Abendbrot. Passen Sie allerdings auf, dass nicht schon vorher alles vom Blech stibitzt wird.

1. Die Blätterteigplatten nebeneinander legen und auftauen lassen.

2. Den Frischkäse mit den Kräutern verrühren, mit Paprikapulver abschmecken. Zucchini waschen, in 2 Zentimeter dicke Scheiben schneiden und diese jeweils vierteln. Die Tomaten waschen und abtrocknen. Die Würstchen abtropfen lassen.

3. Jedes Teigquadrat in 4 kleine, etwa 6 Zentimeter große Quadrate schneiden.

4. Auf 12 Quadrate in die Mitte einen kleinen Klecks Frischkäse (Sie brauchen etwa die Hälfte) und 1 Zucchinistück geben. Den Teig von einer Seite über die Zucchini schlagen und mit der gegenüberliegenden Teigseite zusammendrücken. Die offenen Seiten leicht flach drücken und jeweils um eine halbe Drehung – wie ein Bonbonpapier – verdrehen.

5. Den restlichen Frischkäse auf 14 Quadrate geben, mit je 1 Tomate belegen. Die Quadrate wie in Punkt 4 beschrieben zu Bonbons formen. Anschließend 14 Würstchen-Bonbons ohne Frischkäse ebenso zubereiten.

6. Den Backofen auf 200 °C (Umluft 180 °C, Gas Stufe 3–4) vorheizen. Zwei Backbleche mit Backpapier auslegen. Die Bonbons darauf verteilen und im Backofen nacheinander (bei Umluft gleichzeitig) in etwa 20 Minuten knusprig backen. Lauwarm oder kalt servieren.

Tipps

Noch schneller geht's, wenn Sie gewürzten Frischkäse wie Kräuter-Frischkäse verwenden.
Wenn Sie nur eine Blätterteigpackung mit 6 rechteckigen Platten bekommen: Platten auf der Arbeitsfläche zu einem großen Rechteck zusammenlegen, dabei Ränder etwas überlappen lassen. Zu einem etwa 30 x 50 Zentimeter großen Rechteck ausrollen und dieses in 6 Zentimeter große Quadrate schneiden.

Dekotipp

Die Oberfläche der Bonbons vor dem Backen mit etwas Milch bestreichen und mit Sesamsamen bestreuen.

Statt tiefgekühlter Kräuter können Sie auch gemischte frische Kräuter für die Blätterteig-Bonbons verwenden, bei vier Sorten jeweils einen Stängel.

Käsestangen mit Rucola

Rucolablätter mit ihrem kräftig aromatischen Geschmack gehören seit einigen Jahren zu den Hits am Salatbüfett. Bei diesem Rezept werden sie gehackt und unter den Teig geknetet – das schmeckt toll!

Für 15 Stück

Für den Teig:
- 125 g Parmesan oder würziger Hartkäse
- 100 g Rucola
- 100 g weiche Butter oder Margarine
- 50 ml Milch
- 250 g Mehl
- 1 TL Backpulver
- 1 Ei
- 1/2 TL Paprikapulver, rosenscharf
- 1/2 TL Salz

Außerdem:
- Mehl zum Bearbeiten

Zubereitungszeit
35 Minuten
Backzeit
20 Minuten
Kühlzeit
30 Minuten

1. Den Parmesan sehr fein reiben. Den Rucola waschen, gründlich trockenschütteln und fein hacken.

2. Butter oder Margarine, Milch, Mehl, Backpulver, Ei, Paprikapulver und Salz in eine Rührschüssel geben und mit den Knethaken des elektrischen Handrührers verrühren. Parmesan und Rucola dazugeben und alles gründlich verkneten. Den Teig zur Kugel formen und in Folie gewickelt etwa 30 Minuten kalt stellen.

3. Den Backofen auf 180 °C (Umluft 160 °C, Gas Stufe 2–3) vorheizen. Ein Backblech mit Backpapier auslegen.

4. Den Teig auf leicht bemehlter Arbeitsfläche zu einer großen Rolle formen, diese in 15 gleich große Stücke schneiden.

5. Jedes Stück zu einer 20 Zentimeter langen Rolle formen, etwas flach drücken und längs einschneiden. Dabei an einem Ende nicht durchschneiden. Jeweils die beiden Stränge gegeneinander verdrehen und die freien Enden zusammendrücken.

6. Die Käsestangen mit etwas Abstand zueinander auf das Backblech legen. Im Backofen auf der oberen Schiene 20 Minuten backen. Herausnehmen und auf einem Kuchengitter auskühlen lassen.

Aufbewahrungstipp

Die Stangen in einer luftdicht verschlossenen Dose aufbewahren. Sie sind etwa 1 Woche haltbar.

Bild unten: Käsestangen mit Rucola

Lachsmuffins mit Dill und Kresse

Für 12 Stück

- **200 g Räucherlachs**
- **etwas weiche Butter oder Margarine für die Form**
- **120 g Butter oder Margarine**
- **350 g Mehl**
- **2 TL Backpulver**
- **300 g saure Sahne**
- **2 Eier (Größe M)**
- **2 EL mittelscharfer Senf**
- **1/4 TL Jodsalz**
- **1 Prise Paprikapulver**
- **2 EL gehackter Dill**
- **1 EL Kresseblättchen**

Zubereitungszeit
30 Minuten
Gefrierzeit
60 Minuten
Backzeit
30–35 Minuten

Diese pikanten Muffins mit Räucherlachs und Kräutern sind Leckerbissen der besonderen Art. Ob zum Abendessen, zum Picknick oder als Fingerfood auf der nächsten Familienparty – Groß und Klein werden begeistert sein.

1. Die Lachsscheiben aus der Packung nehmen, nebeneinander auf eine Platte oder ein Kunststoffbrett legen, abdecken und für etwa 60 Minuten ins Tiefkühlfach stellen.

2. Den Backofen auf 200 °C (Umluft 180 °C, Gas Stufe 3–4) vorheizen. Die Vertiefungen eines Muffinbleches sorgfältig mit Butter oder Margarine ausstreichen.

3. Butter oder Margarine schmelzen und wieder etwas abkühlen lassen. Mehl und Backpulver in einer Rührschüssel mischen. Saure Sahne, Eier und Senf gut miteinander verquirlen. Salz, Paprikapulver, Dill und Kresse darunter rühren.

4. Den Lachs aus dem Eisfach nehmen und in etwa 1 1/2 Zentimeter große Streifen schneiden. Die Streifen einzeln unter das Mehl rühren – sie sollen sich gut verteilen. Eine Mulde in die Lachs-Mehl-Mischung drücken.

5. Die Sahnemischung und das geschmolzene Fett in die Mulde geben und alles mit einem Esslöffel zu einem Teig verrühren.

6. Den Teig mit einem Löffel in die Formen verteilen. Die Muffins auf der mittleren Schiene im Backofen 30 bis 35 Minuten backen.

Serviertipps
Reichen Sie etwas Meerrettichfrischkäse zum Bestreichen dazu.

Bild unten: Lachsmuffins mit Dill und Kresse

Tomatenwindbeutel mit Frischkäsefüllung

Dass Windbeutel nicht nur süß zubereitet werden können, sondern auch pikant gut schmecken, beweist dieses Rezept. Im Voraus gebacken, sind die luftigen Törtchen bei Bedarf schnell gefüllt und serviert.

Für etwa 14 Stück

Für den Teig:
- 1/2 TL Jodsalz
- 1 TL Currypulver
- 2 EL Tomatenmark
- 60 g Butter
- 125 g Mehl
- 3 Eier (Größe M)

Für die Füllung:
- 100 g Doppelrahm-Frischkäse
- 100 g Magerquark
- 1 kleine rote Paprikaschote
- 1 Schalotte
- 1 Gewürzgurke
- 1/2 Bund Petersilie
- schwarzer Pfeffer
- Paprikapulver, rosenscharf
- Jodsalz

Zubereitungszeit
30 Minuten
Backzeit
15–20 Minuten

1. Den Backofen auf 225 °C (Umluft 200 °C, Gas Stufe 4–5) vorheizen. Ein Backblech mit Backpapier auslegen.

2. 150 Milliliter Wasser mit Salz, Currypulver, Tomatenmark und Butter in einem Topf zum Kochen bringen. Den Topf vom Herd nehmen und das Mehl mit einem Holzlöffel gründlich einrühren. Wieder auf den Herd stellen und so lange kräftig rühren, bis sich ein Teigkloß gebildet hat und der Topfboden mit einer dünnen Teigschicht überzogen ist.

3. Den Teig in eine Rührschüssel geben und die Eier mit den Quirlen eines elektrischen Handrührers einzeln einrühren. Den Teig in einen Spritzbeutel mit großer Sterntülle füllen und daraus 14 pflaumengroße Häufchen auf das vorbereitete Backblech spritzen. Die Windbeutel im Backofen auf der mittleren Schiene 15 bis 20 Minuten backen. Die fertigen Windbeutel herausnehmen und auf einem Kuchengitter auskühlen lassen.

4. Für die Füllung Frischkäse mit Quark verrühren. Paprika waschen, halbieren und Kerne sowie Trennwände entfernen. Die Schalotte abziehen. Paprika, Schalotte und Gurke klein würfeln. Die Petersilie waschen, trockenschwenken und die Blättchen hacken. Alles unter den Frischkäse rühren und diesen mit Pfeffer, Paprikapulver und Jodsalz abschmecken.

5. Zum Servieren jeden Windbeutel quer halbieren und mit etwa 1 Esslöffel Frischkäse füllen. Die Windbeutel nach dem Füllen bald servieren, sonst werden sie weich.

Andere Füllungen

Die Gemüsesorten für die Füllung können Sie je nach Geschmack und Saison variieren. Gut eignen sich Möhren und Staudensellerie, aber auch Kresse und zarte Keimlinge wie Alfalfa-Sprossen schmecken gut. Wer es leichter liebt, ersetzt den Frischkäse durch Magerquark und verschiedene klein geschnittene Kräuter.

Die luftigen Windbeutel sind gefüllt mit einer feinen Frischkäsecreme mit Paprikastückchen und Petersilie.

Gebackene Spinat-Feta-Ravioli

Für 30 Stück

Für den Teig:
- 300 g Mehl
- 1 TL Jodsalz
- 150 g kalte Butter oder Margarine
- 250 g Speisequark (20 % Fett)

Für die Füllung:
- 2 kleine Zwiebeln
- 2 EL Olivenöl
- 50 g Pinienkerne
- 300 g gehackter Tiefkühl-Blattspinat (angetaut)
- 1 Knoblauchzehe
- 200 g Feta
- Jodsalz
- schwarzer Pfeffer
- geriebene Muskatnuss

Außerdem:
- Mehl zum Ausrollen
- 1 Ei zum Bestreichen

Zubereitungszeit
50 Minuten
Ruhezeit
30 Minuten
Backzeit pro Blech
15 Minuten

Spinat, Feta und Pinienkerne stecken in einer zartblättrigen Quarkteighülle. Sie können die leckeren Täschchen ohne Besteck warm oder kalt genießen – etwa zum Abendessen, bei einer Party oder einem Picknick.

1. Mehl und Salz in einer Schüssel mischen. Butter oder Margarine und Quark dazugeben und alles zu einem geschmeidigen Teig verkneten. Diesen in Folie wickeln und etwa 30 Minuten kalt stellen.

2. Inzwischen für die Füllung die Zwiebeln abziehen und klein würfeln. Das Olivenöl in einer Pfanne leicht erhitzen, Zwiebeln und Pinienkerne darin etwa 3 Minuten unter Rühren anbraten. Den Spinat dazugeben und unter Rühren ganz auftauen, dabei die Feuchtigkeit vollständig verdampfen lassen.

3. Die Pfanne vom Herd nehmen. Den Knoblauch abziehen und durch die Presse dazudrücken. Den Feta klein würfeln und unter den warmen Spinat rühren. Mit Salz, Pfeffer und Muskatnuss würzen.

4. Den Backofen auf 200 °C (Umluft 180 °C, Gas Stufe 3–4) vorheizen. Zwei Backbleche mit Backpapier auslegen.

5. Die Hälfte des Teiges auf bemehlter Fläche zu einem etwa 35 x 42 Zentimeter großen Rechteck ausrollen. Die Mittellinie der langen Seite mit einem Messer markieren (nicht durchschneiden!). Auf einer Hälfte 15 etwa 7 Zentimeter große Quadrate markieren. In die Mitte jedes Quadrats 1 gehäuften Teelöffel von der Füllung setzen.

6. Die andere Teighälfte darüber klappen. Den Teig zwischen den Häufchen andrücken, dann mit einem Teigrad in Quadrate schneiden. Die Ränder rundherum mit einer Gabel andrücken. Die Ravioli auf die Backbleche heben. Das Ei verquirlen. Die Ravioli damit bestreichen und nacheinander auf der mittleren Schiene im Backofen in je etwa 15 Minuten goldbraun backen.

7. Inzwischen aus dem restlichen Teig und der Füllung weitere 15 Ravioli wie beschrieben zubereiten und backen. Die Ravioli warm oder kalt servieren.

Die gebackenen Spinat-Feta-Ravioli sind besonders bei Kindern beliebt, da man sie prima ohne Besteck essen kann.

Käsefüße mit Mohn

Für etwa 100 Stück

Für den Teig:
- 200 g Mehl
- 3 EL Mohn
- 1/4 TL Jodsalz
- 100 g kalte Butter

Außerdem:
- Mehl zum Ausrollen
- 1 Ei (Größe S)
- 50 g geriebener Parmesan

Zubereitungszeit
45 Minuten
Kühlzeit
mindestens 60 Minuten
Backzeit pro Blech
10–12 Minuten

Egal ob Vater, Mutter, Sohn oder Tochter ein Fest feiern – diese witzigen Plätzchen kommen garantiert bei allen gut an. Dekorativ verpackt sind sie außerdem ein besonders originelles Mitbringsel.

1. Das Mehl auf die Arbeitsfläche streuen und mit Mohn und Salz mischen. Die Butter in kleine Stücke schneiden, auf die Mehlmischung setzen und mit einer Palette oder einem großen Messer darunter hacken. Es sollen viele kleine Teigstreusel entstehen. Die Streusel aufhäufen, eine Vertiefung hineindrücken und 4 Esslöffel kaltes Wasser hineingeben. Alles mit den Händen rasch zu einem glatten Teig verkneten. Den Teig in Folie wickeln und mindestens 60 Minuten kalt stellen.

2. Den Backofen auf 200 °C (Umluft 180 °C, Gas Stufe 3–4) vorheizen und drei Backbleche mit Backpapier auslegen.

3. Den Teig auf leicht bemehlter Arbeitsfläche etwa 3 Millimeter dünn ausrollen. Mit einem Ausstechförmchen in Fußform (etwa 6 Zentimeter lang) Plätzchen ausstechen und auf die Bleche legen. Die Teigreste verkneten, erneut ausrollen und weitere Plätzchen ausstechen.

4. Das Ei verquirlen, die Plätzchen damit bestreichen und mit dem Parmesan bestreuen. Die Plätzchen nacheinander auf der mittleren Schiene im Backofen 10 bis 12 Minuten backen, dann auf ein Kuchengitter legen und auskühlen lassen. Bis zum Servieren in einer gut schließenden Metalldose aufbewahren.

Küchentipp
Wenn Sie kein entsprechendes Ausstechförmchen besitzen, nehmen Sie ein Herz, einen Mond oder ein beliebiges anderes Förmchen. Alternative: den ausgerollten Teig in Rechtecke oder Rauten schneiden.

Die kleinen Käsefüße sind ein witziges Knabbergebäck für die nächste Party.

Camembertsäckchen mit Birnen

Wer gern gebackenen Camembert isst, wird dieses Rezept mögen. Die bewährten Partner Camembert, Birne und Preiselbeeren werden hier zusammen in ein kleines Strudelsäckchen gepackt.

Für etwa 20 Stück

Für den Teig:
- **350 g Mehl**
- **1 TL Jodsalz**
- **2 EL Öl**
- **Mehl zum Ausrollen**

Für die Füllung:
- **200 g Camembert**
- **1 Birne (etwa 200 g)**
- **2 EL Preiselbeeren (aus dem Glas)**

Zubereitungszeit
45 Minuten
Ruhezeit
30 Minuten
Backzeit
15–18 Minuten

1. Mehl und Salz mischen. Das Öl und 200 Milliliter Wasser dazugeben und alles mit den Knethaken des Handrührers verkneten. Dann auf der Arbeitsfläche mit den Händen zu einem geschmeidigen Teig verkneten. Den Teig zugedeckt 30 Minuten ruhen lassen.

2. Den Camembert klein würfeln. Birne waschen, vierteln, schälen, entkernen, klein würfeln, mit dem Camembert und 1 Esslöffel Preiselbeeren vermischen.

3. Den Backofen auf 225 °C (Umluft 200 °C, Gas Stufe 4–5) vorheizen. Ein Backblech mit Backpapier auslegen.

4. Den Teig auf leicht bemehlter Arbeitsfläche dünn zu einem etwa 40 x 50 Zentimeter großen Rechteck ausrollen. Daraus 12 Zentimeter große Kreise ausstechen oder ausschneiden.

5. Jeweils 1 Kreis auf die Arbeitsfläche legen, etwa 1 gehäuften Teelöffel Füllung in die Mitte setzen. Die Teigränder mit den Fingern in Falten legen, diese zusammendrücken. Dann die Ränder nach oben über die Füllung ziehen und etwas andrücken. Das Säckchen soll eine Öffnung von etwa 1 Zentimeter haben.

6. Die Säckchen mit etwas Abstand auf das Backblech setzen. Die Säckchen im Backofen auf der mittleren Schiene 15 bis 18 Minuten backen. Die Säckchen herausnehmen, etwas abkühlen lassen, mit den restlichen Preiselbeeren verzieren. Lauwarm servieren.

Die kleinen Teigsäckchen sind mit einer köstlichen Käse-Birnen-Mischung gefüllt.

Pizza mit Salami und Paprika

Für 4 Stück

Für den Teig:
- **1/2 Würfel frische Hefe**
- **1 Prise Zucker**
- **450 g Mehl**
- **4 EL Olivenöl**
- **1 TL Jodsalz**

Für den Belag:
- **1 kleine Dose Pizzatomaten (400 g)**
- **Jodsalz**
- **schwarzer Pfeffer**
- **1 EL getrockneter Thymian**
- **etwa 125 g Salami in dünnen Scheiben**
- **1 gelbe Paprikaschote**
- **1 kleine Zwiebel**
- **250 g Mozzarella**
- **4 EL Olivenöl**

Außerdem:
- **Öl für die Pizzaformen**
- **Mehl zum Ausrollen**

Zubereitungszeit
60 Minuten
Ruhezeit
1 Stunde 20 Minuten
Backzeit pro Backblech
10–15 Minuten

Sicher geht die ganze Familie gern zum Italiener, und auch eine Pizza aus der Tiefkühltruhe kommt von Zeit zu Zeit auf den Tisch. Warum aber backen Sie die Pizza beim nächsten Mal nicht einfach selbst – es geht doch ganz leicht.

1. Die Hefe in eine Tasse bröckeln und darin mit 50 Milliliter lauwarmem Wasser und dem Zucker glatt rühren. 3 Esslöffel Mehl unterrühren und den Vorteig zugedeckt an einem warmen Ort 20 Minuten ruhen lassen.

2. Das restliche Mehl zum Vorteig geben, mit Olivenöl, Salz und 150 Milliliter lauwarmem Wasser zu einem geschmeidigen Teig verkneten. Den Teig zugedeckt an einem warmen Ort noch 60 Minuten ruhen und gehen lassen.

3. Den Backofen auf 250 °C (Umluft 230 °C, Gas Stufe 6) vorheizen. Vier Pizzaformen mit Öl ausstreichen. Den Teig in vier gleiche Portionen teilen, diese auf bemehlter Fläche rund ausrollen und in die Formen legen.

4. Die Tomaten gut abtropfen lassen und auf den Pizzaböden verteilen, dabei überall einen etwa 2 Zentimeter breiten Rand frei lassen. Mit Salz, Pfeffer und Thymian würzen. Die Salamischeiben darauf verteilen.

5. Die Paprikaschote waschen, putzen und in feine Streifen schneiden. Die Zwiebel abziehen und in dünne Scheiben schneiden. Beides auf die Pizzen geben. Den Mozzarella abtropfen lassen und in dünne Scheiben schneiden. Die Pizzen damit belegen und mit Olivenöl beträufeln. Nacheinander je 2 Pizzen im Backofen auf der unteren Schiene 10 bis 15 Minuten backen.

Tipps
Statt den Teig selbst zu kneten, können Sie auf diverse Fertigprodukte zurückgreifen. Tiefgekühlter Pizzateig schmeckt mir am besten, aber auch Pizzateig aus dem Kühlregal ist ganz o. k. Bei Backmischungen für Pizzateig scheiden sich die Geister. Am besten schmeckt immer noch selbst gemachter Teig.
Pizza stets im sehr heißen Ofen und auf der unteren Schiene backen – so wird der Boden schön knusprig. Wie die Steinofenpizza beim guten Italiener!

Paprikaschoten, besonders die roten und gelben, sind reich an Vitamin C und Beta-Karotin.

Mini-Pizzen mit Schinken

Diese kleinen Pizzen wandern von der Hand direkt in den Mund – sie sind deshalb ideal für einen Kindergeburtstag oder für jede andere Party. Wer es etwas würziger bevorzugt, nimmt statt Schinken Salami.

1. 150 Milliliter lauwarmes Wasser bereitstellen. Die Hefe in einer Tasse mit etwas Wasser glatt rühren, mit Mehl, Öl und Salz zu einem glatten Teig verkneten. Den Teig in 18 Portionen teilen, diese zu Kugeln formen, leicht mit Mehl bestauben und zugedeckt an einem warmen Ort 45 Minuten ruhen lassen.

2. Inzwischen für die Tomatensauce Zwiebel und Knoblauch abziehen und fein würfeln. Das Öl in einem Topf leicht erhitzen, Zwiebel und Knoblauch darin glasig werden lassen. Die Tomaten einrühren, mit Salz, Pfeffer und Pizzagewürz würzen. Die Sauce offen bei mittlerer Hitze leicht dicklich einkochen lassen.

3. Den Backofen auf 250 °C (Umluft 230 °C, Gas Stufe 6) vorheizen. Zwei Backbleche mit Öl bestreichen. Schinken in Streifen schneiden. Den Mozzarella abtropfen lassen und in feine Scheiben schneiden, diese nochmals halbieren oder würfeln.

4. Die Hefekugeln nacheinander auf leicht bemehlter Fläche zu kleinen Kreisen (10 bis 12 Zentimeter Durchmesser) ausrollen. Einige Pizzen auf das Blech legen, mit Tomatensauce bestreichen, mit Schinken und Mozzarella belegen und im Backofen auf der untersten Schiene etwa 10 Minuten backen. Nach und nach alle Pizzen backen.

Tipp

Im Umluftherd können Sie zwar mehrere Bleche gleichzeitig backen, das Ergebnis ist aber nicht ideal.

Für 18 Stück

Für die Böden:
- **1/4 Würfel frische Hefe**
- **300 g Mehl**
- **2 EL Olivenöl**
- **1 TL Jodsalz**

Für die Tomatensauce:
- **1 kleine Zwiebel**
- **1 Knoblauchzehe**
- **1 EL Olivenöl**
- **1 kleine Dose Pizzatomaten (400 g)**
- **Jodsalz**
- **schwarzer Pfeffer**
- **2 TL Pizzagewürz**

Für den Belag:
- **150 g gekochter Schinken in dünnen Scheiben**
- **250 g Mozzarella**

Außerdem:
- **Mehl zum Bearbeiten**
- **Öl für die Bleche**

Zubereitungszeit
50 Minuten
Ruhezeit
45 Minuten
Backzeit pro Blech
gut 10 Minuten

Die Mini-Pizzen sind ein ideales Fingerfood. Den Belag können Sie nach Belieben variieren.

Tomaten-Käse-Schnecken

Die pikanten Schnecken erinnern geschmacklich an Italien. Zusammen mit einem bunten Blattsalat, etwas Knabbergemüse und einigen Oliven sind sie ein prima Abendessen – und das nicht nur im Sommer.

Für etwa 16 Stück

Für den Teig:
- **400 g Weizenmehl, Type 812**
- **1 TL Jodsalz**
- **1 Päckchen Trockenhefe**
- **1 TL Zucker**
- **3 EL Olivenöl**

Für die Füllung:
- **6 getrocknete, in Öl eingelegte Tomaten**
- **12 grüne, entsteinte Oliven**
- **125 g Mozzarella**
- **100 g Schafskäse**
- **2 EL Olivenöl**
- **5 EL Pesto (aus dem Glas)**

Außerdem:
- **Mehl zum Bearbeiten**

Zubereitungszeit
40 Minuten
Ruhezeit
1 Stunde 5 Minuten – 1 Stunde 30 Minuten
Backzeit
20–25 Minuten

1. Das Mehl in einer Rührschüssel mit Salz, Hefe und Zucker mischen. Öl und gut 250 Milliliter lauwarmes Wasser mit den Knethaken eines Handrührers unterkneten. Dann den Teig mit den Händen durchkneten, bis er geschmeidig ist. Eventuell noch einige Tropfen Wasser dazugeben.

2. Den Teig zugedeckt an einem warmen Ort 45 bis 60 Minuten ruhen und aufgehen lassen.

3. Solange der Teig geht, die Tomaten in kleine Stücke schneiden. Die Oliven fein hacken. Den Mozzarella abtropfen lassen, in kleine Würfel schneiden und den Schafskäse grob raspeln. Öl und Pesto miteinander verrühren.

4. Ein Backblech mit Backpapier auslegen. Den Teig auf leicht bemehlter Arbeitsfläche zu einem Quadrat von etwa 35 x 35 Zentimeter ausrollen.

5. Den Teig mit der Pestomischung bestreichen, mit Tomatenstücken, Oliven, Mozzarellawürfeln und Schafskäse belegen. Die Teigplatte vorsichtig aufrollen und die Rolle mit einem großen scharfen Messer in etwa 16 Scheiben schneiden.

6. Die Tomaten-Käse-Schnecken nicht zu dicht nebeneinander auf das Backblech legen, mit einem Tuch abdecken und an einem warmen Ort noch 20 bis 30 Minuten ruhen und deutlich aufgehen lassen. Den Backofen auf 200 °C (Umluft 180 °C, Gas Stufe 3–4) vorheizen.

7. Die Schnecken auf der mittleren Schiene im Backofen 20 bis 25 Minuten backen. Die fertigen Schnecken herausnehmen und warm servieren – dann schmecken sie am besten.

Küchentipp

Aus Brotmehl hergestellt schmeckt das Gebäck besonders herzhaft. Alternativen sind Weizenmehl Type 550, Type 1050 oder ein so genanntes Pizzamehl (Type 405). Pizzamehl wird aus ganz speziellen Weizensorten gemahlen und enthält besonders viel Kleber, was Hefeteige aus diesem Mehl sehr elastisch und gut backfähig macht.

Zeitspartipp

Wenn es ganz schnell gehen soll, nehmen Sie einfach einen fertigen Pizzateig aus dem Kühlregal (250-Gramm-Dose). Schneiden Sie den Teig in 3 Teile und rollen Sie die Platten nach dem Belegen einzeln auf. Reduzieren Sie dafür Pesto, Öl und die übrigen Zutaten der Füllung ein wenig.

Die herzhaften Schnecken alla Italia sind mit getrockneten Tomaten, Oliven, Mozzarella und Schafskäse gefüllt.

Klassische Quiche Lorraine

Für 6 Portionen

- **200 g Mehl**
- **1/2 TL Jodsalz**
- **125 g kalte Butter**
- **125 g durchwachsener Räucherspeck**
- **100 g Gruyère**
- **200 g Sahne**
- **4 Eier**
- **weißer Pfeffer**
- **Muskatnuss**
- **Paprikapulver, edelsüß**

Zubereitungszeit
40 Minuten
Kühlzeit
60 Minuten
Backzeit
25–35 Minuten

Wer mag ihn nicht, diesen klassischen herzhaften französischen Kuchen, bei dem ausgebratener Speck, Käse und viel Eiersahne auf einem schnell gekneteten Mürbeteigboden gebacken werden?

1. Mehl, Salz, gewürfelte Butter und 2 Esslöffel kaltes Wasser mit den Händen rasch zu einem glatten Teig verkneten. Den Teig zugedeckt mindestens 60 Minuten kalt stellen.

2. Inzwischen den Speck von Schwarte und Knorpeln befreien und in kleine Würfel schneiden. In einer kleinen Pfanne bei mittlerer Hitze knusprig ausbraten. Den Käse reiben. Sahne, Eier, Pfeffer, Muskatnuss und Paprikapulver in einer Schüssel verquirlen.

3. Den Backofen auf 225 °C (Umluft 200 °C, Gas Stufe 4–5) vorheizen. Den Mürbeteig zwischen zwei Lagen Klarsichtfolie rund ausrollen, eine Quicheform (26 bis 28 Zentimeter Durchmesser) damit auskleiden. Den Speck und den geriebenen Käse darauf verteilen, die Eiersahne darüber gießen.

4. Die Quiche im Backofen auf der mittleren Schiene 25 bis 35 Minuten backen, bis die Oberfläche appetitlich goldbraun geworden ist.

Tipp
Sie können backfertigen gekühlten oder auch tiefgefrorenen Blätterteig für die Quiche verwenden. Das entspricht zwar nicht dem Original, schmeckt aber ebenfalls gut und spart etwas Zeit.

Die klassische Quiche Lorraine schmeckt herrlich sahnig.

Porreekuchen mit Möhren

Würziger Porree versteckt sich hier dezent in lockerem Joghurt-Hefe-Teig. Der Kuchen schmeckt zum Abendbrot ebenso wie zu einem Gläschen Wein, und auch zum Mitnehmen (z. B. in die Schule oder in den Kindergarten) eignet er sich bestens.

1. 100 Milliliter lauwarmes Wasser und Zucker in eine kleine Schüssel geben, die Hefe hineinbröckeln und darin auflösen. Alles zugedeckt 10 Minuten gehen lassen.

2. In einer großen Rührschüssel das Mehl mit dem Jodsalz mischen. Joghurt und Hefewasser dazugeben und alles mit den Knethaken eines elektrischen Handrührers in etwa 5 Minuten zu einem weichen Teig verkneten. Den Teig zugedeckt etwa 30 Minuten gehen lassen.

3. Inzwischen den Porree waschen, putzen und in dünne Ringe schneiden. Das Öl in einer großen Pfanne erhitzen und den Speck darin goldbraun anbraten. Den Porree dazugeben und etwa 3 Minuten unter Rühren mitbraten. Mit Thymian und Paprikapulver kräftig würzen. Alles in eine große Schüssel geben und darin handwarm abkühlen lassen.

4. Ein Backblech mit Backpapier auslegen. Die Möhren schälen und in etwa 1/2 Zentimeter dicke Scheiben schneiden.

5. Den Teig nochmals durchkneten, dabei die Speck-Porree-Mischung einkneten. Den Teig auf das Backblech geben und gleichmäßig darauf verteilen, mit den Möhrenscheiben belegen und diese etwas in den Teig hineindrücken. Die Möhrenscheiben mit etwas Olivenöl bestreichen. Den Teig nochmals 20 Minuten gehen lassen.

6. Den Backofen auf 200 °C (Umluft 180 °C, Gas Stufe 3–4) vorheizen. Den Porreekuchen im Backofen auf der mittleren Schiene 30 Minuten backen. Lauwarm oder kalt servieren.

Hallo Eltern
Den Kuchen stückweise verpacken und einfrieren. Statt belegtem Brot als Pausensnack einpacken – so ist für gesunde Abwechslung gesorgt.

In dem herzhaften Teig verstecken sich Porreeringe und Speck. Belegt wird er einfach mit Möhrenscheiben und etwas Olivenöl.

Für etwa 20 Stücke

Für den Teig:
- 1 Prise Zucker
- 1 Würfel frische Hefe
- 500 g Mehl
- 2 TL Jodsalz
- 400 g zimmerwarmer Naturjoghurt
- 1 große Stange Porree (etwa 300 g)
- 3 EL Olivenöl
- 200 g gewürfelter Frühstücksspeck
- 1 TL getrockneter Thymian
- 1 TL Paprikapulver, edelsüß

Für den Belag:
- 200 g Möhren
- 1 EL Olivenöl

Zubereitungszeit
45 Minuten
Ruhezeit
60 Minuten
Backzeit
30 Minuten

Kartoffelpizza mit Thymian

Für etwa 9 Stücke

Für den Belag:
- **1 kg fest kochende Kartoffeln**
- **etwas Jodsalz**
- **12 EL Olivenöl extra vergine**
- **schwarzer Pfeffer**
- **3 EL frische Thymianblättchen**
- **4 EL frisch geriebener Parmesan**

Für den Teig:
- **350 g Weizenmehl, Type 550**
- **1/2 TL Jodsalz**
- **1 TL Zucker**
- **1 Päckchen Trockenhefe**
- **3 EL Olivenöl**

Außerdem:
- **Mehl zum Ausrollen**

Zubereitungszeit
40 Minuten
Garzeit
20 Minuten
Ruhezeit
1 Stunde 5 Minuten – 1 Stunde 30 Minuten
Backzeit
25–30 Minuten

Das Besondere an dieser »Pizza« ist, dass nicht der Teig, sondern der Belag aus Kartoffeln besteht. Ursprünglich kommt das Gebäck aus Italien. Und der Italiener geht bei der Zubereitung geradezu verschwenderisch mit Olivenöl um.

1. Die Kartoffeln gründlich waschen und mit der Schale in wenig leicht gesalzenem Wasser in etwa 20 Minuten gerade bissfest kochen. Danach abgießen und abkühlen lassen.

2. Solange die Kartoffeln garen, für den Teig das Mehl in einer Rührschüssel mit Salz, Zucker und Hefe mischen. Öl und 200 Milliliter lauwarmes Wasser mit den Knethaken eines Handrührers darunter arbeiten. Den Teig auf der Arbeitsfläche geschmeidig kneten, dabei eventuell noch etwas Wasser dazugeben. Den Teig zugedeckt an einem warmen Ort 45 bis 60 Minuten ruhen und deutlich aufgehen lassen. In der Zwischenzeit die Kartoffeln pellen und in nicht zu dünne Scheiben schneiden.

3. Ein Backblech mit Backpapier auslegen. Den Teig auf leicht bemehlter Arbeitsfläche in der Größe des Blechs ausrollen, das Blech damit belegen. Den Teig mit 2 Esslöffel Olivenöl bestreichen und mit den Kartoffelscheiben dachziegelförmig belegen.

4. 10 Esslöffel Öl über die Kartoffeln träufeln. Sie sollen alle vollständig mit Öl benetzt sein – dafür eventuell einen Backpinsel verwenden. Die Kartoffeln leicht mit Salz und Pfeffer würzen. Die Pizza zugedeckt an einem warmen Ort nochmals 20 bis 30 Minuten gehen lassen. In der Zwischenzeit den Backofen auf 200 °C (Umluft 180 °C, Gas Stufe 3–4) vorheizen.

5. Die Kartoffelpizza auf der mittleren Schiene im Backofen 25 bis 30 Minuten backen. Kurz vor Ende der Backzeit den Thymian und den Parmesan darüber streuen.

Für die Kartoffelpizza sollten Sie in jedem Fall frischen Thymian verwenden. Er schmeckt wesentlich aromatischer als getrockneter.

Küchentipps
Kartoffelpizza ist ein prima Gericht, um übrig gebliebene Pellkartoffeln vom Vortag zu verbrauchen. Übrigens schmeckt sie auch kalt – eignet sich also gut für das nächste Sommerfest oder ein Picknick.

Zeitspartipp
Schneller geht es, wenn Sie 2 Dosen gekühlten Pizzateig (je 250 Gramm) nehmen. Bei der Kartoffelpizza sollte der Teig immer deutlich dicker sein als bei herkömmlichen Pizzen.

Beilagentipp
Zusammen mit einem gemischten Blattsalat oder einem Tomatensalat ergibt die Kartoffelpizza ein vollständiges, leckeres und gesundes Hauptgericht. Romanasalat, Lollo rosso und Radicchio passen besonders gut. Zum Tomatensalat geben die Italiener gern etwas Rucola (Rauke). Auch diese Kombination schmeckt hervorragend zum Kartoffelkuchen. Machen Sie beide Salate unbedingt mit einem Balsamessig-Olivenöl-Dressing an. Das harmoniert besser mit der Pizza als eine Salatsauce aus Milchprodukten. Übrigens: Viele Kinder akzeptieren Balsamessig eher als herkömmliche Essigsorten.

Schnelle Gemüsepizza

Ganz und gar unkompliziert ist diese Gemüsepizza, denn Quark-Öl-Teig ist viel schneller einsatzbereit als Hefeteig. Und mit Tiefkühlgemüse ist auch der Belag im Handumdrehen fertig.

1. Den Backofen auf 200 °C (Umluft 180 °C, Gas Stufe 3–4) vorheizen. Ein Backblech mit Backpapier auslegen.

2. Quark, Salz, 6 Esslöffel Wasser und Öl in eine Rührschüssel geben und mit den Quirlen eines Handrührers schaumig rühren. Mehl und Backpulver mischen und unter die Quarkmischung rühren. Es sollen viele kleine Teigkugeln entstehen. Den Teig mit den Händen kurz durchkneten. Sollte er zu sehr kleben, noch etwas Mehl dazugeben. Den Teig zugedeckt etwa 15 Minuten bei Zimmertemperatur ruhen lassen.

3. Die Tomaten waschen und trockenreiben. Die Stielansätze herausschneiden und die Tomaten würfeln. Den Mozzarella in kleine Würfel schneiden. Gemüse und Pesto in eine beschichtete Pfanne geben und unter Rühren kurz braten. Alles beiseite stellen.

4. Den Teig auf leicht bemehlter Arbeitsfläche in der Größe des Backbleches ausrollen und auf das Blech legen.

5. Gemüse, Tomaten und Mozzarella mischen und gleichmäßig auf dem Pizzaboden verteilen. Die Pizza im Backofen auf der mittleren Schiene etwa 25 Minuten backen.

6. Die Basilikumblätter kalt abspülen, trockentupfen und in feine Streifen schneiden. Die Pizza aus dem Backofen nehmen, vom Backblech auf ein Backbrett ziehen, mit dem Basilikum bestreuen und in Stücke schneiden.

Für etwa 12 Stücke

Für den Teig:
- 150 g Magerquark
- 1/4 TL Jodsalz
- 5 EL Olivenöl
- 300 g Dinkelmehl, Type 630 (ersatzweise Weizenmehl, Type 550 oder 405)
- 3 TL Backpulver

Für den Belag:
- 4 Tomaten (ca. 400 g)
- 125 g Mozzarella
- 1 Packung Tiefkühl-Gemüsemischung »Italienische Art« (ca. 300 g)
- 1 TL Pesto (aus dem Glas)
- 16 Blätter Basilikum

Außerdem:
- Dinkelmehl zum Ausrollen

Zubereitungszeit
25 Minuten
Ruhezeit
15 Minuten
Backzeit
25 Minuten

Die schnelle Gemüsepizza hat ihren Namen zu Recht, denn sie macht nur wenig Arbeit.

Geflochtener Zucchini-Möhren-Kranz

Für etwa 20 Stücke

- **1/2 Paket Ciabatta-Backmischung (500 g)**
- **1 Würfel frische Hefe**
- **200 g Doppelrahm-Frischkäse**
- **250 g Speisequark (20 % Fett)**
- **Jodsalz**
- **schwarzer Pfeffer**
- **1/2 TL gemahlener Koriander**
- **100 g Zucchini**
- **100 g Möhren**
- **3 EL Sesamsamen**

Außerdem:

- **Mehl zum Bearbeiten**

Zubereitungszeit
35 Minuten
Ruhezeit
50 Minuten
Backzeit
35 Minuten

Das mit zwei Gemüsecremes gefüllte Ciabattabrot ist ideal für Picknick oder Gartenparty.

Unter einer knusprigen Brotkruste verstecken sich zweierlei Füllungen. Möhren- und Zucchiniquark sorgen für Farbe und machen den Kranz besonders saftig. Servieren Sie einen knackigen Blattsalat dazu.

1. Den Ciabattateig mit Hefe und Wasser nach Packungsangabe zubereiten und 30 Minuten gehen lassen.

2. Inzwischen Frischkäse und Quark in einer Schüssel verrühren. Mit Jodsalz, Pfeffer und Koriander kräftig würzen und in zwei Portionen teilen. Die Zucchini waschen, die Möhren schälen und beides fein raspeln. Eine Portion der Quarkmasse mit den Möhren mischen, die andere Portion mit den Zucchini.

3. Den Teig auf bemehlter Arbeitsfläche kurz durchkneten und in zwei gleich große Portionen teilen. Die erste Teighälfte zu einer etwa 50 Zentimeter langen Rolle formen. Diese mit dem Nudelholz flach drücken, so dass der Teigstreifen etwa 10 Zentimeter breit ist.

4. 1 Esslöffel Sesam darauf verteilen, dann die Zucchinimischung als langen Strang in der Mitte darauf geben. Den Teig von beiden Seiten darüber klappen, die Naht gut andrücken. Die Rolle vorsichtig auf ein mit Backpapier belegtes Backblech legen.

5. Die andere Teighälfte ebenfalls ausrollen, wie oben beschrieben mit der Möhrenmischung füllen und ebenfalls auf das Backblech legen. Die beiden Rollen vorsichtig miteinander verschlingen und zum Kreis formen. Die Teigenden gut zusammendrücken. Die Kranzoberfläche leicht mit Wasser bepinseln und 2 Esslöffel Sesam aufstreuen. Den Kranz zugedeckt noch etwa 20 Minuten an einem warmen Ort gehen lassen.

6. Inzwischen den Backofen auf 225 °C (Umluft 200 °C, Gas Stufe 4–5) vorheizen. Den Kranz auf der mittleren Schiene 10 Minuten backen, dann die Temperatur auf 200 °C (Umluft 180 °C, Gas Stufe 3–4) reduzieren und den Kranz weitere 25 Minuten backen. Den fertigen Kranz aus dem Backofen nehmen und auf dem Blech auskühlen lassen.

Varianten

Statt mit Zucchini und Möhren können Sie die Füllungen auch mit anderem Gemüse aromatisieren. Probieren Sie ganz klein gewürfelte rote Paprikaschoten und in ganz feine Röllchen geschnittene Frühlingszwiebeln. Oder verwenden Sie für eine Teighälfte rote und für die andere Hälfte gelbe oder grüne Paprikawürfelchen. Auch Kräuter eignen sich zum Aromatisieren, etwa gehackte Petersilie oder gehackter Dill. Wer mehr Würze möchte, mischt eine Hälfte der Füllung mit gerösteten Zwiebeln und die andere mit feinen, knusprig ausgebratenen Speckwürfeln.

Tipp

Der Kranz lässt sich gut einfrieren – im Ganzen ebenso wie in Scheiben geschnitten. Am besten, sie portionieren ihn und frieren die Scheiben in einer Gefrierdose ein. Legen Sie Klarsichtfolie zwischen die Scheiben, dann können Sie sie einzeln herausnehmen. Etwa für einen ungewöhnlichen Pausensnack, den Ihr Kind garantiert genüsslich aufessen wird.

Pizzakugeln mit Hackfleischfüllung

Für 12 Stück

Für den Teig:
- 1 Prise Zucker
- 1/2 Würfel frische Hefe
- 250 g Mehl
- 1/2 TL Jodsalz
- 3 EL Olivenöl

Für die Füllung:
- 1/2 rote Paprikaschote
- 1 kleine Zwiebel
- 1 EL Olivenöl
- 150 g Rinderhackfleisch
- 2 EL Tomatenmark
- 2 EL Crème fraîche
- 1/2 TL getrockneter Thymian
- Jodsalz
- schwarzer Pfeffer

Außerdem:
- Mehl zum Bearbeiten

Zubereitungszeit
45 Minuten
Ruhezeit
60 Minuten
Backzeit
25 Minuten

Pizzateig muss nicht immer ausgerollt und belegt werden. Hier umhüllt er eine pikante Hackfleischfüllung. Ob warm als kleine Mahlzeit oder kalt für ein Fest, die kleinen Kugeln werden nicht lange auf Abnehmer warten.

1. Ein Backblech mit Backpapier auslegen. Für den Teig 100 Milliliter lauwarmes Wasser und den Zucker in eine kleine Schüssel geben. Die Hefe hineinbröckeln, darin auflösen und zugedeckt etwa 15 Minuten gehen lassen.

2. Inzwischen für die Füllung die Paprikahälfte waschen, entkernen und klein würfeln. Die Zwiebel abziehen und fein hacken. Das Olivenöl in einer großen Pfanne erhitzen und die Zwiebel darin glasig werden lassen. Das Hackfleisch dazugeben und krümelig anbraten. Die Paprikawürfel dazugeben und das Tomatenmark unterrühren. Die Mischung bei mittlerer Hitze braten, bis die Flüssigkeit verdampft ist, dann vom Herd nehmen. Crème fraîche, Thymian, Salz und Pfeffer einrühren und alles abkühlen lassen.

3. Mehl und Salz in einer Rührschüssel mischen, Öl und Hefewasser dazugeben und alles mit den Knethaken des elektrischen Handrührers etwa 5 Minuten kneten, bis sich der Teig vom Schüsselrand löst. Den Teig zur Kugel formen und zugedeckt an einem warmen Ort 30 Minuten gehen lassen.

4. Den Teig auf bemehlter Arbeitsfläche kurz durchkneten, zur Rolle formen und diese in 12 gleich große Stücke schneiden. Jedes Stück zur Kugel formen, in der Handfläche eine Mulde eindrücken und etwa 1 Esslöffel lauwarme Füllung hineingeben. Den Teig darüber ziehen und die Teigränder zusammendrücken, so dass eine Kugel entsteht.

5. Die Kugeln mit der Naht nach unten mit etwas Abstand zueinander auf das Backblech setzen und zugedeckt an einem warmen Ort nochmals etwa 15 Minuten gehen lassen. Inzwischen den Backofen auf 200 °C (Umluft 180 °C, Gas Stufe 3–4) vorheizen.

6. Die Kugeln im Backofen auf der mittleren Schiene etwa 25 Minuten backen. Warm oder kalt servieren.

Die Pizzakugeln formen

1. Vom Hefeteig 12 gleich große Stücke abschneiden und jeweils zur Kugel formen.

2. In jede Kugel eine Mulde drücken und einen Esslöffel Füllung darauf geben.

3. Den Teig über die Füllung ziehen und die Ränder zusammendrücken.

Knusprige Champignonrolle

Ähnlich wie bei einem pikanten Strudel wird bei dieser Rolle eine würzige Füllung von einem knusprigen Teig umhüllt. Der Blätterteig kommt aus der Tiefkühltruhe und spart so Zeit und Arbeit. Und er passt hervorragend zum feinen Aroma der Pilze.

1. Den Backofen auf 200 °C (Umluft 180 °C, Gas Stufe 3–4) vorheizen. Ein Backblech mit Backpapier auslegen. Die Teigplatten nebeneinander auf ein Brett legen und zugedeckt auftauen lassen. Den Quark in einem Haarsieb über einer Schüssel mindestens 20 Minuten lang abtropfen lassen.

2. Die Champignons mit einem feuchten Tuch abreiben oder kalt abbrausen, putzen und in nicht zu dünne Scheiben schneiden. Die Paprikaschote waschen, putzen und fein würfeln.

3. Die Butter in einer beschichteten Pfanne erhitzen. Pilze und Paprikawürfel darin braten, bis die Pilze keine Flüssigkeit mehr abgeben. Die Mischung beiseite stellen und abkühlen lassen.

4. Die Frühlingszwiebel waschen, putzen und in feine Ringe schneiden. Die Petersilie kalt abbrausen und die Blättchen fein hacken. Beides mit dem Quark und dem Ei verrühren und mit Salz, Pfeffer und Paprikapulver kräftig abschmecken.

5. Die Blätterteigplatten aufeinander legen und auf leicht bemehlter Fläche zu einem 30 x 40 Zentimeter großen Rechteck ausrollen. Die Quarkmischung auf das untere Viertel des Teiges verteilen, dabei einen kleinen Rand frei lassen. Die Pilzmischung und den Käse auf der Quarkmischung verteilen.

6. Mit einer Palette oder einem langen breiten Messer unter das belegte Teigstück fahren und das Ganze einmal umschlagen. Dann den Teig vorsichtig aufrollen. Die Rolle mit der Naht nach unten auf das Backblech setzen, dabei die Seiten zusammendrücken und unter die Rolle falten.

7. Die Rolle mit einer spitzen Schere etwa siebenmal quer einschneiden. Das Eigelb mit der Milch verquirlen. Die Rolle damit bestreichen und im Backofen auf der mittleren Schiene etwa 40 Minuten backen.

Varianten

Sie können die Champignons durch eine ganze Reihe anderer Zutaten ersetzen, beispielsweise durch 1 mittelgroße Porreestange und 50 Gramm magere Speckwürfel. Den Porree waschen und in Ringe schneiden. Den Speck mit dem Porree in etwas Öl kurz braten, dann beiseite stellen und abkühlen lassen.
Oder etwa 250 Gramm frisches Lachsfilet in Streifen schneiden und in wenig Butter anbraten. Anstelle des Quarks Meerrettichfrischkäse verwenden, dann den Ziegenkäse weglassen.
Ihrem Geschmack und Ihrer Phantasie sind kaum Grenzen gesetzt. Beachten Sie lediglich, dass Ihre Füllung nicht zu üppig ausfällt. Sonst läuft sie heraus oder sprengt den Teig beim Backen.

Für etwa 12 Stücke

- **300 g Tiefkühl-Blätterteig**
- **180 g Magerquark**
- **200 g braune Champignons**
- **1/2 rote Paprikaschote**
- **1 EL Butter**
- **1 kleine Frühlingszwiebel**
- **3 Zweige glatte Petersilie**
- **1 Ei (Größe S)**
- **Jodsalz**
- **schwarzer Pfeffer**
- **Paprikapulver, edelsüß**
- **50 g frisch geriebener Ziegenschnittkäse**

Außerdem:

- **Mehl zum Ausrollen**
- **1 Eigelb (Größe S)**
- **1 EL Milch**

Zubereitungszeit
45 Minuten
Backzeit
40 Minuten

Fein-würzige Sauerampfertarte

Für etwa 8 Stücke

Für den Teig:
- 200 g Mehl
- 1 kräftige Prise Jodsalz
- 100 kalte Butter

Für den Belag:
- 120 g frische Sauerampferblätter
- 4 Eier (Größe M)
- 300 g Schmand
- 50 g geriebener Parmesan
- Jodsalz
- schwarzer Pfeffer
- frisch geriebene Muskatnuss

Außerdem:
- Mehl zum Ausrollen
- ca. 500 g Hülsenfrüchte und Backpapier zum Blindbacken

Zubereitungszeit
45 Minuten
Kühlzeit
60 Minuten
Backzeit
45 Minuten

Viele Kinder mögen den Reiz des Sauren auf der Zunge. Lassen Sie die Kleinen deshalb ruhig einige Blätter naschen. Nach dem Backen bleibt nur noch ein Hauch Säure in der Tarte zurück – das schmeckt ausgesprochen gut.

1. Mehl und Salz auf die Arbeitsfläche häufen. Die Butter in kleine Stücke schneiden und darauf verteilen, mit dem Rücken eines großen Messers oder mit einer Palette unter das Mehl hacken. Es sollen viele kleine Teigstreusel entstehen.

2. Die Streusel aufhäufen, eine Mulde hineindrücken. 4 Esslöffel eiskaltes Wasser dazugeben und alles rasch zu einem glatten Teig verkneten. Den Teig zugedeckt 60 Minuten kalt stellen.

3. Den Sauerampfer kalt abspülen, trockentupfen und quer in schmale Streifen schneiden. In einer Schüssel die Eier verquirlen, Schmand und Parmesan unterrühren. Mit Salz, Pfeffer und Muskatnuss kräftig abschmecken, den Sauerampfer unterheben.

4. Den Backofen auf 200 °C (Umluft 180 °C, Gas Stufe 3–4) vorheizen. Den Teig auf leicht bemehlter Arbeitsfläche etwas größer als die Tarteform (26 Zentimeter Durchmesser) ausrollen, die Form damit auskleiden und den Boden mit einer Gabel mehrmals einstechen.

5. Ein Stück Backpapier auf den Teig legen und mit den Hülsenfrüchten beschweren. Den Teig im Backofen auf der mittleren Schiene etwa 15 Minuten blindbacken. Boden aus dem Backofen nehmen. Hülsenfrüchte und Papier entfernen.

6. Die Schmandmischung auf dem Teigboden gleichmäßig verteilen. Die Tarte im Backofen auf der mittleren Schiene noch etwa 30 Minuten backen. Sie ist fertig, wenn die Masse gestockt ist.

Knuspriger Mürbeteig ist mit einer raffinierten Sauerampfercreme bedeckt.

Wirsing und Hähnchen im Strudelteig

Strudelteig selbst herzustellen ist wirklich ganz leicht. Das Geheimnis für einen hauchdünnen Teig liegt neben langem Kneten in der Säure des zugegebenen Essigs: Durch sie wird besonders viel elastisches Klebereiweiß im Teig gebildet.

1. Mehl, Ei, Essig, Öl, Salz und 1/8 Liter lauwarmes Wasser in eine Rührschüssel geben und alles mit den Knethaken des elektrischen Handrührers oder mit den Händen zu einem elastischen Teig verkneten – er soll glänzen und nicht kleben. Den Teig zur Kugel formen, auf einen Teller legen und mit etwas Öl bestreichen. Eine angewärmte (z. B. mit heißem Wasser ausgespülte und abgetrocknete) Schüssel darüber stülpen und den Teig etwa 60 Minuten ruhen lassen.

2. Inzwischen das Hähnchenbrustfilet kurz unter fließendem kaltem Wasser abspülen, trockentupfen und in etwa 1 Zentimeter große Würfel schneiden. Vom Wirsing die äußeren Blätter entfernen und den Strunk herausschneiden. Den Wirsing waschen und in dünne Streifen schneiden. Die Zwiebel abziehen und klein würfeln.

3. 2 Esslöffel Öl in einer großen Pfanne oder einem breiten Topf erhitzen, die Zwiebel darin glasig werden lassen. Die Hähnchenfleischstücke dazugeben und bei starker Hitze goldbraun anbraten.

4. Den Wirsing hineingeben und bei mittlerer Hitze in etwa 5 Minuten zusammenfallen lassen. Die Crème fraîche unterrühren und alles mit Salz, Pfeffer und Muskatnuss kräftig würzen. Die Füllung vom Herd nehmen.

5. Den Backofen auf 200 °C (Umluft 180 °C, Gas Stufe 3–4) vorheizen. Ein Backblech mit Backpapier auslegen.

6. Den Teig auf einem bemehlten Küchentuch zu einem 40 x 55 Zentimeter großen Rechteck dünn ausrollen und mit den Händen sehr dünn ausziehen. Den Teig mit 2 Esslöffel Öl bepinseln, die Füllung gleichmäßig darauf verteilen, dabei einen etwa 2 Zentimeter breiten Rand frei lassen.

7. Die schmalen Ränder über die Füllung klappen. Den Strudel von einer Längsseite her mit Hilfe des Küchentuchs aufrollen und U-förmig auf das Backblech legen. Dabei sollte die Naht unten liegen. Die Oberfläche mit 1 Esslöffel Öl bepinseln. Den Strudel im Backofen auf der mittleren Schiene 40 Minuten backen.

Für 6 Portionen

Für den Teig:
- **300 g Mehl**
- **1 Ei (Größe M)**
- **1 EL Essig**
- **1 EL Öl**
- **1 Prise Jodsalz**

Für die Füllung:
- **2 Hähnchenbrustfilets (je etwa 125 g)**
- **300 g Wirsing (etwa 1/2 kleiner Kopf)**
- **1 Zwiebel**
- **2 EL Öl**
- **150 g Crème fraîche**
- **Jodsalz**
- **schwarzer Pfeffer**
- **frisch gemahlene Muskatnuss**

Außerdem:
- **Mehl zum Ausrollen**
- **4 EL Öl**

Zubereitungszeit
60 Minuten
Ruhezeit
60 Minuten
Backzeit
40 Minuten

Der Strudel mit Wirsing- und Hähnchenfüllung ist ein wenig zeitaufwändig, aber mit Sicherheit ein voller Erfolg. Warm schmeckt er am besten.

Rezeptregister

Kleingebäck

Rührkuchen

Torten

Obst- und Blechkuchen

Kastenkuchen, Stollen & Co

Pizzen und pikante Kuchen

Impressum und Bildnachweis

Die Autorinnen

Sarah Klein Als Diätassistentin und Ökotrophologin hat sie ihr Hobby zum Beruf gemacht: gutes und zugleich gesundes Essen und Trinken. Sie vermittelt beides, in Form von Kochbüchern, seit vielen Jahren einer breiten Leserschaft. Mittlerweile stehen für die umfangreichen Tests bei der Rezeptentwicklung zwei kritische Kinder bereit, die mit Lob und Tadel gleichermaßen aufwarten. Bei der Entwicklung der Rezepte für dieses Buch durften sie teilweise selbst mit Hand anlegen, was nicht nur zu mehlbestaubten Küchentischen führte, sondern auch ungemein viel Spaß machte.

Andrea Brenner Als Ökotrophologin ist sie seit vielen Jahren auf dem Kochbuchsektor tätig. Die Arbeit umfasst nicht nur die Rezeptentwicklung, sondern auch die redaktionelle Vermittlung von Ernährungsthemen aller Art. Daneben arbeitet sie als freiberufliche Ernährungsberaterin. Als Mutter von zwei Kindern liegt ihr besonders die Kinderernährung am Herzen. Auch bei ihr war die Meinung der eigenen Kinder gefragt. Nicht nur der Geschmack, sondern auch die Verständlichkeit der Texte im Kinderkapitel wurde in lustigen Backnachmittagen von mehreren Kindern auf die Probe gestellt.

Silvia Faller Mutter von zwei Kindern, studierte Ökotrophologie, arbeitete einige Jahre als Redakteurin in einem Kochbuchverlag und ist heute als freie Autorin im Fachgebiet Ernährung tätig. Ein Schwerpunkt ihrer Arbeit liegt im Bereich Kinder- und Familienernährung. Hierzu veröffentlicht sie Artikel im Internet, schreibt Broschüren, arbeitet mit Schulkindern, hält Vorträge für Eltern und schrieb jüngst zusammen mit einer Kollegin ein Buch zum Thema »Gesunde Ernährung für Kleinkinder«.

Die Fotografen

Rolf Seiffe hat die Liebe zu Wein und Essen zu seinem Beruf gemacht. Er gehört heute zu den renommiertesten Foodfotografen in der Verlags- und Werbebranche. Zusammen mit der Foodstylistin Diane Dittmer machte er eigens für dieses Buch die brillanten und animierenden Foodfotos.

Ralf Tooten arbeitete nach seiner Ausbildung in Architektur- und Porträtfotografie als Standfotograf bei mehreren preisgekrönten Filmproduktionen. Seit 1986 hat er ein Fotostudio in Hamburg und fotografiert im Bereich Werbung, Porträt und Reportage für Industriekunden und Zeitschriften.

Bildnachweis

Foodproduktion
Fotografie: Food Centrale Hamburg
Rolf Seiffe
Foodstyling: Food Centrale Hamburg
Diane Dittmer
Mit Ausnahme von 20: Barbara Bonisolli, München; Titelbild: Martina Urban, Hamburg

Reportage
8/9, 16, 27, 29, 32/33, 39, 43, 45, 50/51, 60, 63, 70, 76/77, 82, 89, 91, 96/97, 100, 107, 113, 116/117, 119, 128, 136
Fotografie: Ralf Tooten, Hamburg
Styling: Marlis Denzin
Visagistin: Verena Lohstöter
Foodstyling: Food Centrale Hamburg
Organisation: Frederike Rosemann

Freisteller
Südwest Verlag, München
Mit Ausnahme von 21, 23, 26, 41, 64, 67, 71, 90, 98, 101, 106, 129: Christian Kargl, München

Impressum

Der Südwest Verlag ist ein Unternehmen der Econ Ullstein List Verlag GmbH & Co. KG, München.

Redaktion
Claudia Daiber
Projektleitung
Alexandra Endres
Bildredaktion
Bettina Huber
Illustrationen
Gisela Dürr
Umschlag
Manuela Hutschenreiter, Reinhard Soll
Layout
Manuela Hutschenreiter
DTP/Satz
BuchHaus Robert Gigler GmbH
Produktion
Manfred Metzger (Leitung), Annette Aatz, Monika Köhler

Printed in Italy

Gedruckt auf chlor- und säurearmem Papier

ISBN 3-517-06427-0